Doreen Dietel
Co-Autor Andreas Reinhardt

Erzählt mir nichts vom Krönchen richten!

Tragik, Komik, Männer – Dietel

Impressum

© Zodiac Verlag © Doreen Dietel
Co-Autor Andreas Reinhardt

2024
Deutsche Ausgabe

Bibliografische Information der Deutschen Nationalbibliothek:

Die Deutsche Nationalbibliothek verzeichnet diese Publikation in der Deutschen Nationalbibliografie; detaillierte bibliografische Daten sind im Internet über http://dnb.d-nb.de abrufbar.

Created by Zodiac Verlag

Alle Fotos aus Privatarchiv Doreen Dietel
Coverfoto: Goran Nitschke

ISBN: 978-3-911085-30-4

Zodiac Verlag
Brandenburgstraße 39
63456 Hanau
www.Zodiac-Verlag.de

Kontaktadresse nach EU-Produktsicherheitsverordnung:
Produktsicherheit@Zodiac-Verlag.de

Doreen Dietel

Co-Autor Andreas Reinhardt

Erzählt mir nichts vom Krönchen richten!

Tragik, Komik, Männer – Dietel

Diese Biografie wurde erlebt und erzählt von
Doreen Dietel
und literarisch in Szene gesetzt von
Andreas Reinhardt.

Inhalt

Liebeserklärung an meine Mami

Ein Satz gehört für mich unbedingt an den Anfang dieser Biografie. Eine Aussage, die von vornherein für Klarheit sorgen und eventuellen späteren Missverständnissen vorbeugen soll:

Ich habe meine Mami immer innig geliebt, ich tue es noch und werde es auch weiterhin tun – egal was kommt.

Es ist nur so, dass wir die meiste Zeit kein sehr herzliches Mutter-Tochter-Verhältnis gehabt haben, vielmehr war es geprägt von Spannungen und Vorwürfen. Es gab viele Momente, in denen ich mich ungeliebt und ungerecht behandelt gefühlt habe, ob während meiner Kindheit, meiner Jugend oder als erwachsene Frau. Doch das ist nicht die ganze Wahrheit. Ich als Tochter habe ihr das Leben als Mutter auch nicht gerade leicht gemacht. Das musste ich in letzter Zeit erkennen.

Wie arbeitet man solche Erinnerungen in einer Biografie nun aber auf? Natürlich hätte ich es komplett durch die rosarote Brille beschreiben können oder gar nicht erwähnen brauchen, richtig? Falsch, denn dann wäre es keine vollwertige Biografie geworden. Wir beide, meine Mutter genau wie ich, haben schwere Zeiten durchgemacht und uns dabei als hart arbeitende Kämpfer und Überlebenskünstler erwiesen. Kein anderer Mensch war in den ganzen Jahren so nahe bei mir, hat mich so sehr geprägt und demzufolge auch die Persönlichkeit mitgeformt, die aus mir geworden ist – so verschieden wir in vielen Dingen auch sein mögen. Um es auf den Punkt zu bringen: Zum ganzen Puzzle des Lebens gehören unbedingt die wesentlichen Puzzleteile, selbst wenn es unbequeme Wahrheiten sind.

Einen positiven Effekt hat diese offene Herangehensweise bei der Vorbereitung zum Buch schon mit sich gebracht. Meine Mama und ich haben uns so intensiv ausgesprochen wie noch nie, und wir sind uns jetzt näher als je zuvor. Man kann sagen, wir haben uns ganz neu kennengelernt.

Mami, ich liebe dich und drücke dich ganz fest!

Der innere Zwang,
sich selbst nicht gutzutun

Was mich und mein Leben in der Vergangenheit am meisten definiert, beherrscht, gesteuert hat?

Jetzt, wo ich endlich die nötige Reife und Gelassenheit erlangt habe, um einen klaren, unaufgeregten Blick zurückzuwerfen, möchte ich es mal so formulieren: Seit meiner Ausreise aus der DDR war ich von dem inneren Zwang beherrscht, mir selber nicht gutzutun. Doch eigene Dämonen kommen nicht von ungefähr, sie haben sehr konkrete Ursachen. Meine liegen ziemlich sicher in der Kindheit begründet.

Ich habe weder Nestwärme, noch bedingungslose Liebe oder ungeteilte Aufmerksamkeit und Anerkennung deutlich gespürt beziehungsweise erfahren. Auch nicht, was es heißt, sich selbst zu entdecken – ob nun den eigenen Charakter, Vorlieben oder Fähigkeiten. Anders ausgedrückt, ich habe nicht gelernt, mich selbst zu spüren.

Was mir ganz oft gefehlt hat, das war Führung. Als Jugendliche schaute ich in den Spiegel, ohne mich auch nur ansatzweise zu kennen, sah ein nach außen hin ansehnliches Gefäß, das innen gleichzeitig leer zu sein schien. Das alles führte unter anderem dazu, dass ich mir später zu oft Männer ausgesucht habe, die mir nicht guttaten. Ich verwechselte Erniedrigung mit Führung, Gewalt mit Liebe, Schwäche mit Stärke – immer wieder aufs Neue.

Was ich im vermeintlich „goldenen Westen" vorgefunden habe, ist alles andere als hilfreich gewesen, es hat auf mich eher wie ein Brandbeschleuniger gewirkt. Die DDR-Ausreise meiner Eltern hat mich meiner ersten großen Liebe und der gewohnten Umgebung entrissen, das Leben in einem Aufnahmelager wurde der traumatische Kulturschock schlechthin. Auf der Suche nach mir selbst folgte ich leichtgläubig jedem, der mir eine Lösung versprach, war anfällig für so manche Einflussnahme und miserablen Tipps. So wurde ich an diverse Süchte herangeführt. Doch egal welche, sie konnten niemals die Lösung sein. Heute weiß ich das, aber über viele Jahre setzte ich meinem Körper und meiner Seele extrem hart zu, indem ich exzessiv Sport trieb, mich in einen Schlankheitswahn einschließlich herbeigeführtem Erbrechen hineinsteigerte oder mich unkontrolliert dem Alkohol hingab. Absurderweise, weil völlig überflüssig, ließ ich zudem noch einen Schönheitschirurgen an mir herumpfuschen. Erstaunlich, dass ich wenigstens die Finger von Drogen und vom Ritzen gelassen habe – meine persönlichen Tabus. Neben all dem baute ich mir eine Karriere als viel beschäftigte Schauspielerin auf, war als prominente Teilnehmerin in verschiedenen TV-Show-Formaten von „Ich bin ein Star – Holt mich hier raus!" über „Das perfekte Promi Dinner" bis hin zu „Das große SAT.1 Promiboxen" zu sehen. Depressionen wurden dennoch immer wieder aufs Neue befeuert. Anlässe ergaben sich mehr als genug in einem Showbiz zwischen trügerischem Glanz und knallharter Realität, wo man Begriffe wie Anteilnahme, Vertrauen, Respekt oder Freundschaft allzu häufig vergeblich suchte.

Dann wäre da noch diese abgeschmackte Weisheit, die mir längst aus den Ohren quillt, weil ich sie mir von jedem wohlstandsverwöhnten Hinz und Kunz gefühlte eintausend Mal habe anhören müssen: „Wieder aufstehen, Krönchen richten und weitermachen." - Erzähle mir bloß keiner mehr was vom Krönchen richten, ich könnte Wolkenkratzer damit bauen!

Mittlerweile gilt mein Hauptaugenmerk nicht mehr der Schauspielerei, vielmehr nenne ich als Gastronomin ein schönes Restaurant-Bistro mein Eigen. Was nicht etwa heißen soll, dass ich interessanten Rollenangeboten gegenüber abgeneigt wäre.

Alle Liebe schenke ich meinem Sohn, der prächtig wächst und gedeiht. Die Suche nach mir selbst hat einen glücklichen Verlauf genommen, denn ich kann mich endlich spüren, in einem Gefühl der Freiheit aus mir selbst schöpfen und weiß nun, dass ich alles schaffen kann. Aber Vorsicht! Die inneren Dämonen können zum Schweigen gebracht werden, doch sie werden niemals ganz weg sein, sondern lauern auf ihre nächste Chance, bis man es vielleicht irgendwann zulässt. Dessen bin ich mir sehr bewusst.

Mit dieser Biografie lasse ich mein bisheriges Leben Revue passieren, den ganzen steinigen Weg, auf dass ich und meine geneigte Leserschaft daran erinnert werden, wie zerbrechlich und wertvoll das Geschenk des Lebens ist, wie bedeutsam jeder ausgetragene Kampf darum.

Ich wünsche euch ein Lesen mit vielen ermutigenden, nachdenklichen sowie humorvollen Momenten.

Eure Doreen

Eine eigentlich unbeschwerte Kindheit in der DDR

In die klassische Bilderbuchfamilie wurde ich im Krankenhaus von Zeulenroda schon mal nicht hineingeboren. Mein Erzeuger, der selber noch nicht richtig trocken hinter den Ohren gewesen war, hatte sich bereits vom Acker gemacht, da war ich noch gar nicht geboren. Einen sich kümmernden Vater sollte ich trotzdem bekommen – wenn auch erst mit drei Jahren – und seinen Familiennamen noch dazu. Ein Jahr später kam auch schon mein Halbbruder zur Welt. Mein neuer Papa füllte seine Rolle so gut aus, dass ich ihn als solchen nie in Frage gestellt habe. Das Wort „Stiefvater" hat für mich bis zu seinem viel zu frühen Tod im Jahr 2020 nicht existiert. Wir sind in all den Jahren gut miteinander ausgekommen, auch wenn es sich mehr wie eine liebevolle Freundschaft angefühlt hat als wie eine typische Vater-Tochter-Beziehung mit konsequenter Autorität. Vermutlich war das eben doch der Tatsache geschuldet, dass ich nicht sein eigen Fleisch und Blut war. Interessanterweise ist mir sein Tod zwar nahe gegangen, hat mich jedoch nicht aus der Bahn geworfen.

Wie auch immer, er hat mir in jedem Fall eine, alles in allem, unbeschwerte Kindheit ermöglicht.

Mit der Geburt meines Bruders verließen wir die Kleinstadt Triptis in Thüringen, wo Mami damals als Kellnerin arbeitete, und zogen auf Papas Bauernhof im ländlichen

Trünzig, das im äußersten Westen Sachsens liegt. Auf einem Bauernhof zu leben bedeutete auch für mich als Kind, in Stall und Garten sowie auf dem Feld mit anzupacken. Daneben wurde die ganze Gegend für mich zum riesigen Abenteuerspielplatz, frei von zelebrierten Klassenunterschieden und pathologischem Materialismus. Dass sich die Erwachsenen gegenseitig unter die Arme griffen und Nachbarschaftshilfe leisteten, war genauso normal wie das Teilen von Süßigkeiten unter uns Kindern. Einfach gestrickt aber dem Miteinander verpflichtet, so ließ sich der Menschenschlag in jener Gegend der ländlichen DDR wohl am besten beschreiben.

Genau wie Papa, so hat zweifelsohne auch meine mich liebende Mama ihr Bestes getan, um die Härten des Alltags von mir fernzuhalten. Allerdings war sie mit ihrer Lebenssituation häufig überfordert. Neben der Arbeit als Reinigungskraft in einer Bergbaugesellschaft und den vielfältigen Aufgaben auf dem Bauernhof – alleine schon das Wäschewaschen mit der überhaupt nicht verbraucherfreundlichen Maschine vom VEB Waschgerätewerk Schwarzenberg war eine schweißtreibende, ganztägige Angelegenheit – blieb wenig Zeit für liebevolle Gesten oder ein offenes Ohr. Im Gegenteil, es wurde schnell geschimpft, und ich fing mir nicht selten eine ein. Sie hat mir definitiv nicht viel durchgehen lassen. Manchmal glaube ich, sie hat sich durch mich zu sehr an meinen leiblichen Vater erinnert gefühlt – ihre erste große Liebe – dem ich mich so nahe fühlte, ohne ihn überhaupt zu kennen. Lediglich von Fotos, und darauf sah er so hübsch aus. Meine Mami hat sich wohl von ihm im Stich gelassen gefühlt. Wenn wir gestritten haben, sind ihr auch schon mal Sachen herausgerutscht wie zum Beispiel, ich solle ihr aus den Augen gehen, ich würde wie mein Vater grinsen. Eine Tante hat sogar wortwörtlich zu mir gesagt:

»Du läufst genau wie dein Alter.«

Als es bis zu meinem dritten Lebensjahr nur mich und meine Mama gegeben hatte, war das noch ganz anders gelaufen. Jedenfalls zeigen mir meine frühesten Erinnerungen eine sehr ausgeglichene und liebevolle Mama, die zärtlich von ihrer „Doreeni" gesprochen hat. Dann wurde mein Bruder geboren, und in mir erwachte das Teufelchen:

»Den brauchen wir nicht, den können wir gleich verkaufen! Ich will den nicht haben!«, mussten sich meine Eltern von mir anhören.

Zwar wandelte ich mich dann zur glühenden Beschützerin meines kleinen Bruders – gerne auch mit Fäusten – blieb aber rasend eifersüchtig, weil er auch noch alle Aufmerksamkeit vom Opa erhielt. Beantwortet habe ich das fortan mit einem frechen Mundwerk und zunehmender Aufsässigkeit. Wie man sich denken kann, tat das dem Verhältnis zwischen meiner Mutter und mir überhaupt nicht gut. Gewollt oder ungewollt vermittelte sie mir das Gefühl, ich würde ihr nur Sorgen bereiten und nichts richtig machen können. Irgendwann glaubte ich es dann selbst und verhielt mich noch ungenierter, während ich im Stillen litt und weinte. Andererseits gab es nach wie vor auch diese harmonischen, leisen Momente zu zweit in meinem Zimmer, wenn wir zusammen kuschelten und sie ganz liebevoll war. Dann war ich wieder ihre „Doreeni" und zwischen uns war alles wie früher. Von diesen Ausnahmen zehrte ich. Als ich einmal mit schwerer Grippe und hohem Fieber das Bett hüten musste, brachte mich ihre fürsorgliche Liebe schnell wieder auf die Beine. Jeden frühen Morgen kam sie mit warmem Kakao, Marmeladenbrot und einer Tablette zu mir. Ihre ganze Sorge und Hingabe galt nur noch mir. Die übrigen Alltagsprobleme schienen für sie keine Rolle mehr zu spielen. Trotz Grippe empfand ich es als Paradies, wollte sie gar nicht mehr aus dem Zimmer gehen lassen.

Anders als meine Mutter hat mein Stiefvater nur nachsichtig auf mich eingeredet oder gleich ganz weggeschaut, anstatt laut oder handgreiflich zu werden, wenn ich frech war oder etwas anstellte. Währenddessen litt er, wie ich Jahre später erfahren sollte, unter seinem Job als Fahrer im Dreischichtbetrieb derselben Bergbaugesellschaft ohne echte Erfolgsaussichten.

Unterm Strich bleibt festzuhalten, weder haben mich meine Eltern ab dem vierten Lebensjahr mit Herzenswärme überschüttet, noch waren sie gute Lehrmeister in der Frage, was genau im Alltag richtig oder falsch war und warum. Nicht zuletzt deshalb habe ich mich verstärkt älteren Kindern und Jugendlichen sowie anderen Erwachsenen zugewendet.

Diese Voraussetzungen, auch dass ich von Hause aus eine Frohnatur war sowie die Tatsache, dass ich im ländlich geprägten Trünzig ohne große Höhepunkte aber dafür mit viel Natur drumherum aufwuchs, ließen mich zu einer

Mischung aus „Pippi Langstrumpf" und „Michel aus Lönneberga" werden, die nur Unfug im Kopf hatte und am laufenden Band Streiche ausheckte. - Wenn ich so darüber nachdenke, ein Wildfang bin ich eigentlich schon immer gewesen. Mit meinem fabrizierten Blödsinn wäre wohl selbst der nervenstärksten Mutter früher oder später die Hand ausgerutscht.

Apropos Streiche, mit denen habe ich rotzfreche Göre locker jedem Lausbuben in der Gegend Konkurrenz gemacht. Einige Beispiele gefällig? Aber gerne doch:

In der ländlichen DDR gab es für mich kein Fernsehen, und Westfernsehen konnten wir schon gar nicht empfangen. Da war Kreativität gefragt, um uns den Alltag zu versüßen. Besonders im Alter zwischen neun und zwölf Jahren bin ich zur Höchstform aufgelaufen. So kam es, dass ich auf einer meiner ewigen Erkundungstouren einen Nagel gefunden habe – auf dem Boden der Werkstatt unseres Hofs. Und schnell wusste ich auch, was damit anzufangen war. Bei meiner Oma Elfriede gab es nämlich immer einen frischen Laib Brot vom Bäcker. Genau dort hinein drückte ich den Nagel, selbstredend unbemerkt von der Oma. Als die nun ihre Brotmaschine mit Handkurbel bemühte, kam sie nicht weit und ging der Sache sofort auf den Grund. Das von mir platzierte Fundstück ließ sie aus der Haut fahren. Sofort wollte sie den Bäcker das Fürchten lehren. Damit hatte ich mein erstes Ziel erreicht und setzte die Unschuldsmiene auf:

»Darf ich bitte mitkommen?«

Ich durfte und wurde kurz darauf Zeugin, wie meine Oma den Bäckermeister lautstark zusammengeschissen hat. Was ihm denn einfallen würde und wie ein Nagel überhaupt ins Brot hatte geraten können. Das wäre verantwortungslos und durch nichts zu entschuldigen. Der arme Mann war sichtlich rat- und sprachlos. Nur ich fühlte mich bestens unterhalten.

Auch Opa Walter wurde Opfer meiner Streiche. Gerade als er auf einem stattlichen Birnenbaum saß und konzentriert abpflückte, kam ich angeschlichen, um die Leiter umzustoßen. Bevor er so recht begriff, wie ihm geschah, hatte ich mich auch schon wieder unentdeckt verkrümelt und brachte eine möglichst große Entfernung zwischen mich und den Tatort. Niemand war im Haus und keine Nachbarn in der Nähe. Er hat eine Ewigkeit auf dem Baum ausharren müssen und fluchte abends noch immer über seine eigene Ungeschicklichkeit, die Leiter nicht richtig positioniert zu haben.

Einmal sollte ich Getränke in der kleinen Dorfkneipe kaufen gehen und war überhaupt nicht begeistert davon. Ausbaden musste es die betagte Wirtin. Als die nämlich in den Keller runterging, um die gewünschten Flaschen zu holen, schloss ich kurzerhand die Tür von außen zu und warf den Schlüssel beim Weglaufen an den Wegrand. Es muss ziemlich lange gedauert haben, bis jemand die Ärmste aus ihrer misslichen Lage befreit hat, so wie mich meine Mami später dafür bestrafte. Aber auch, wenn ich ab und zu erwischt wurde und meine verdiente Abreibung erhielt, bekehrt hat es mich deshalb noch lange nicht. Im Gegenteil, ich wurde noch einfallsreicher.

Als ich im Pferdetrog eine annähernd volle Flasche Doppelkorn entdeckte – vermutlich vom Opa, damit er unbemerkt von der Oma einen zwitschern konnte – hatte ich schon eine ziemlich gute Vorstellung davon, wie sich Alkohol bei allzu hemmungslosem Genuss auf die Menschen auswirkte. Nun nutzte ich die Gelegenheit, um ein Experiment am lebenden Tier durchzuführen. Der komplette Inhalt der Flasche landete im Hühnerfutter. Besoffene Hühner – das versüßte mir so was von den Tag! Herrlich, dieser ganze Strauß an Gemütsregungen, bevor das Federvieh nach und nach umkippte. Der Hahn veranstaltete das größte Theater – typisch Mann halt. Dann wurde mir allerdings mulmig, denn mich beschäftigte die Frage, ob die Hühner überhaupt wieder aufwachen würden und wenn ja, ob sie besoffene Eier legen würden. Besoffene Eier zum Sonntagsfrühstück, na, das konnte was werden.

Wo wir gerade bei Männern waren, der Ehemann einer Cousine hat immerzu filterlose Karo-Zigaretten made in DDR geraucht. In einem unbeobachteten Augenblick nahm ich seine noch volle Schachtel an mich und machte mich daran, in jede einzelne Zigarette per Sattlernadel – als Pferdeliebhaber und Reparatur-Ass hatte mein Opa auch die im Stall griffbereit – Rosshaar einzuziehen. Danach tauchte die Schachtel auf wundersame Weise wieder auf. Der passionierte Raucher hatte sie schon verzweifelt gesucht und ging wie erhofft davon aus, sie selbst verlegt zu haben.

»Die Zigarette schmeckt irgendwie komisch«, kommentierte er den ersten Zug, rauchte aber unerschrocken bis zum bitteren Ende weiter.

Bitter deshalb, weil er wenige Stunden später – weitere Glimmstängel waren noch nachgefolgt – dermaßen die Scheißerei bekommen hat, als wäre ihm eine halbe Flasche Rizinusöl eingeflößt worden. Speiübel war ihm außerdem noch. Das wurde selbst mir unheimlich und nagte an meinem Gewissen. Aber nur kurz, denn andererseits war ich ja noch ein Kind. Woher hätte ich wissen sollen, dass die robusten Haare eines Pferdes diese Wirkung entfalten würden. Unter normalen Umständen wurde dem Mann meiner Cousine von seinen stinkenden Zigaretten ja auch nicht schlecht, die das ganze Haus verpesteten.

Auch der alte Geldbeutel meiner Mama wurde zum Objekt meiner schelmischen Begierde, als sie sich einen neuen zulegte. Arglos überließ sie ihn mir, und so konnte ich auf meine ganz eigene Art Angeln gehen. An einer Schnur befestigt, legte ich meinen „Köder" auf die Straße und nahm im Straßengraben Deckung. Ja, ich weiß, was Ihr jetzt denkt: schon zu Kaisers Zeiten ein ganz alter Hut. - Umso erstaunlicher, wie gut es funktionierte. Etliche Autos hielten an. Die dummen Gesichter werde ich nie vergessen, als anstelle des vermeintlichen Geldes in einem sich wie durch Zauberhand fortbewegenden Geldbeutel am Ende nur ein Mädchen winkte, das eine lange Nase drehte und laut lachend aufs Feld flüchtete.

Gerne habe ich auch meinen Bruder zum Mitmachen angestiftet. Zum Beispiel, wenn es darum ging, vorbeifahrende Autos mit aus dem Feld gerissenen Grasbüscheln samt Wurzeln und Erde zu bewerfen. Jeder Treffer machte ordentlich Krach und Dreck, ließ uns lautstark jubeln, so als hätten wir gerade einen gefährlichen Drachen erlegt. Wenn gebremst und hörbar geflucht wurde, war unser Triumph vollkommen. Einmal verfolgte uns ein wutschnaubender Autobesitzer sogar zu Fuß bis weit aufs Feld. Zu seinem Unglück war der Mann überaus „gut genährt" und der

Ackerboden zu tückisch, um uns einholen zu können. Als er erschöpft kehrt machte, führten mein Bruder und ich einen Siegestanz auf. Es war ein unbeschreibliches Gefühl von Glück, Freiheit und Unbesiegbarkeit, wie es wohl nur Kinder erleben konnten.

Doch alles hatte seinen Preis, besonders meine anarchistische Ader. Diese Lektion lernte ich schon früh. Wie bereits erwähnt, verteilte meine Mama wenig zimperlich Schellen oder versohlte mir manchmal sogar den Hintern, wenn ich es arg zu bunt getrieben hatte. Ich wiederum war hart im Nehmen und steckte das weg. Ja, ich hatte wirklich viel von einem Jungen, umgab mich lieber mit ihnen als mit Mädchen. Im Umgang mit den Jungs aus Nachbarschaft und Schule war ich, wenn nötig, auch nicht zimperlich. Ich fluchte, raufte und tobte wie sie, genau das war mein Ding. Mit Puppen zu spielen wäre mir nie in den Sinn gekommen, genauso wenig wie mir lange Fingernägel wachsen zu lassen. Auch der Pferdeschwanz, den meine Mutter mir jeden Morgen mit Hilfe eines straffen Einweggummis aufzwang, nährte meinen Widerstand. Es war unbequem, eine einzige Quälerei. Abends tat mir davon dermaßen die Kopfhaut weh, dass ich schließlich beschloss, zur Schere zu greifen. Ade, du lästiger Pferdeschwanz und ihr langen Haare. Daraufhin setzte es die heftigste Haue, die ich vorher wie nachher je von meiner Mutter bekommen habe. Sie wollte in mir halt unbedingt einen Engel mit blauen Augen und langen dunklen Haaren sehen – wenigstens optisch, wenn schon nicht dem Charakter nach. Tja, und mit einem Scherenschnitt war es damit von einer Sekunde auf die nächste vorbei.

Ich stellte auch Unfug an, der auf den ersten Blick zwar durchaus den Tatbestand eines ausgewachsenen Streiches erfüllte, bei näherer Betrachtung aber lediglich der Tatsache geschuldet war, dass ich manches zu wörtlich nahm oder einfach nur zu unwissend daherkam. Nehmen wir zum Beispiel die Sache mit dem Rumtopf. Ich beobachtete immer wieder aufs Neue, wie die Oma im Garten Beeren pflückte – Himbeeren, Erdbeeren Brombeeren, schwarze Johannisbeeren – und damit im Keller verschwand. Neugierig wie ich war, bin ich natürlich irgendwann hinterhergeschlichen und habe heimlich dabei zugesehen, wie sie den Deckel eines Holzbottichs wegnahm, um die Beeren einzufüllen. Dann kam der Deckel wieder drauf und die Oma ging. Ich blieb und wartete ab, bis die Luft rein war. Dann ging ich der Sache auf den Grund.

Erste Erkenntnis: Die Beeren schwammen obenauf in einer Flüssigkeit.

Zweite Erkenntnis: Es stieg ein intensiver Duft nach Alkohol aus dem Bottich auf. Dritte Erkenntnis: Oha, die Beeren schmeckten gar nicht mehr wie die üblichen Beeren, sondern süßlich alkoholisiert. Egal, es schmeckte gut und verursachte ein wohlig warmes Gefühl im Bauch.

Von nun an machte ich jeden Tag einen Abstecher in den Keller, immer nach der Schule, um mir eine Kelle voll Beeren abzuschöpfen. Ich muss tagtäglich einen im Tee gehabt haben, jedenfalls fühlte ich mich besonders beschwingt und abenteuerlustig, so viel ist mal sicher. Manchmal legte ich mich einfach nur auf die Couch und genoss es, wie der Alkohol seine bewusstseinsverändernde Wirkung entfaltete.

Es kam Heiligabend, und Oma Elfriede holte den Rumtopf aus dem Keller.

Sie sah hinein und schrie ungläubig auf:

»Das kann doch nicht wahr sein, wo sind denn die Beeren hin?!«

Schon drängte sich der Rest der Familie ratlos um den Bottich.

Nur ich nicht, ich stellte stattdessen eine betont unschuldige Frage: »Was ist denn mit den Beeren?«

Jetzt meldete sich meine Mutter zu Wort: »Die gehören normalerweise in den Rumtopf.«

»Darf man die essen?«

Sie sah mich streng an.

»Die darfst du nicht essen, das ist giftig. Alkohol ist nichts für Kinder.«

Während ich mir insgeheim schwor, nie wieder vom Rumtopf zu naschen, rätselte meine Familie noch immer, was wohl aus den Beeren geworden war. Waren die Spirituosen vielleicht zu hochprozentig gewesen? Und waren die Zutaten aus dem Garten deshalb womöglich zersetzt worden? Schließlich wurde sogar Opa Walter einem peinlichen Verhör unterzogen:

»Sag mal, hast du dich heimlich aus dem Rumtopf bedient?«

»Gottverdammmich nochmal! Was weiß ich denn, wo du deinen Rumtopf stehen hast. Außerdem würde ich wenn überhaupt die Flüssigkeit leermachen und nicht die Beeren andatschen.«

Bei den ganzen Gedankenspielen blieb ich völlig außen vor und damit unbehelligt. Puh, noch einmal Glück gehabt.

Final verständigte man sich doch darauf, dass Himbeeren & Co. sich zersetzt hatten.

Die nächste naive Aktion ging genau genommen auf das Konto des Biologieunterrichts in der Grundschule. Dort brachte man uns nämlich bei, dass Schweine Allesfresser seien. Wer konnte mir also verübeln, wenn ich die Probe aufs Exempel machte. Unserer für die nächste Schlachtung vorgesehenen Sau wurde die zweifelhafte Ehre zuteil, alles zu verwerten, was ich ihr in der folgenden Zeit in den separaten Futtertrog warf: ein schon verwesendes Nagetier aus dem Wald, Zahnpasta, Schuhcreme ... – Und wirklich, die Gute erfreute sich auch nach Tagen noch bester Gesundheit, grunzte zufrieden vor sich hin.

Es dauerte nicht mehr lange, da wurde das fidele Tier geschlachtet. Ich dachte mir nichts weiter dabei, es war ja nicht das erste Mal. Doch dann kam ich aus der Schule und stieß in der Küche auf einen mir bereits bekannten Mann, der im Beisein vom Opa ein Mikroskop und sonstige Mitbringsel auf dem Tisch verteilte – eigentlich wie immer nach einer Schlachtung.

Aber jetzt plagte mich die Neugier: »Was machen Sie da eigentlich immer?«

»Ich muss schauen, ob eure Sau gesund war. Wenn was mit der Leber nicht stimmt, dann war sie es nicht, und ihr müsst den Schinken und die ganze Wurst wegschmeißen.«

Nun wollte ich es ganz genau wissen: »Wieso denn nicht gesund?«

»Ja, das weiß ich nicht. Dafür kann es verschiedene Gründe geben. Aber erst mal gucken.«

Mir fuhr der Schreck in die Glieder.

Schlagartig fiel mir alles ein, was ich der Sau zu fressen gegeben hatte. Und wenn ich sie damit krank gemacht hatte?

»Opa, wir haben doch noch ganz viel Wurst vom letzten Schlachten, oder?«

»Ja, ja, genug«, beruhigte er mich. »Einiges ist schon gut abgehangen, anderes braucht noch Zeit.«

»Wie lange dauert das denn noch?«, wandte ich mich ungeduldig an den Mann vom Veterinäramt.

»Wir haben es gleich«, ließ er sich nicht aus der Ruhe bringen.

Diese Antwort befriedigte mich kein Stück, wo ich doch Blut und Wasser schwitzte: »Machen Sie schon, nicht, dass wir Zahnpas …, äh, schlechtes Fleisch essen!«

»Nee, alles in Ordnung«, ließ er mich lächelnd wissen und gab damit Entwarnung.

Das war eine nachhaltige Lektion. Künftig würden Schweine von mir nur noch Futter bekommen, das auch wir Menschen essen konnten.

Ganz anders lag der Fall bei der Petersilie. Es war die Zeit, als die ersten Mädchen mit ihren körperlichen Vorzügen punkten konnten. Ich gehörte nicht dazu, was mich sehr frustrierte. Also wandte ich mich an meine Oma, die immer für einen Ratschlag gut war:

»Omi, die Mädchen in der Schule haben alle schon einen richtigen Busen, und ich habe noch gar nichts.« Daraufhin zählte ich Namen von Mitschülerinnen auf, die besonders viel vorzuzeigen hatten.

Während Oma sich weiterhin auf ihre häuslichen Pflichten konzentrierte, blieb sie ernst und dabei sehr überzeugend:

»Du musst ganz viel Petersilie essen, dann wächst dir auch der Busen.«

Mit der Aussage schoss sie sich selbst ins Knie, sie wusste es nur noch nicht. Schon ihr nächster Kontrollbesuch im Garten sorgte für Ernüchterung. Von der Petersilie – an sich gab es reichlich davon – ragten nur noch die kümmerlichen Stiele aus der Erde. Ich hatte alle Sträucher mit der Schere bearbeitet und das Grün komplett in mich hineingestopft – hinuntergespült mit Wasser. Unzählige Male stand ich in den Wochen darauf prüfend vor dem Spiegel, ohne das gewünschte Resultat zu entdecken. - Scheiß Petersilie!

Ich war neun Jahre alt, als sich die Stimmung in unserer Familie merklich veränderte. Mama und Papa fuhren in die nächste Stadt, um einen Antrag auf Ausreise in die BRD zu stellen. Beide mussten in der Folge öfter dorthin, und jedes Mal kam die Mami weinend und verstört zurück. Dann schnappte ich immer Begriffe wie „Befragung", „Verhör" oder „Leben wie in einem Gefängnis" auf. Ich bekam das nur am Rande mit, weil sie versuchten, ihre Sorgen und Nöte von uns Kindern fernzuhalten. Außerdem besaß ich die Fähigkeit, unangenehme Dinge einfach auszublenden. Vielleicht waren meine vielen Streiche, die in jener Zeit an Intensität zunahmen, ja auch ein Ventil für meine empfindsame Kinderseele. Gut möglich, zumal ein Appell in der Schule vor versammelter Schülerschaft mir übel mitspielte. Ich musste vortreten, und es hieß sinngemäß:

»Die Eltern der Schülerin Doreen Dietel haben die Ausreise in die BRD beantragt. Somit ist Doreen genau wie ihre Eltern eine Verräterin am sozialistischen Vaterland.

Jeder persönliche Kontakt zu ihr hat ab sofort zu unterbleiben.« Unmittelbar danach habe ich mich auf der Schultoilette übergeben müssen und eine ganze Weile immer wieder mal nachts ins Bett genässt. Mit einem Föhn habe ich dann stundenlang heimlich versucht, Matratze und Bettwäsche zu trocknen – aus Scham und Angst, meine Mutter könnte mich ansonsten ausschimpfen. Das Ganze war eine traumatische Erfahrung. Meine Ausgrenzung wurde von der Lehrerschaft konsequent vorangetrieben. In der Klasse musste ich alleine sitzen und war ständig erniedrigenden Bemerkungen ausgesetzt. Als mich immer mehr Schulkameraden mieden, versuchte ich, sie mit Süßigkeiten aus dem Westen zurückzugewinnen – „Nimm2", „Maoam" & Co. Dem schoben die Lehrer einen Riegel vor, indem kein Kind mehr etwas von mir annehmen oder überhaupt mit mir sprechen durfte. Ergänzend erklärte die Klassenlehrerin, ich sei krank im Kopf. Zu meinem großen Glück hielten zwei Freundinnen weiterhin eisern zu mir. Davon abgesehen wendete ich mich vor allem älteren Schülern aus anderen Klassen zu. Eine einschneidende Reaktion, die mich auch für die Zukunft prägen sollte.

Verantwortlich für die Misere machte ich alleine meine Eltern. Andere Schuldige konnte ich mit meinen jungen Jahren noch nicht ausmachen. Ich fühlte mich wohl, dort, wo ich lebte, aber meine Eltern wollten trotzdem weg. Meiner kindlichen Logik nach konnte das nur falsch sein. Nicht abwegig also, dass ich mich mit meinen teilweise grenzwertigen Streichen selbst therapierte. Wollte ich beide auf die Art bestrafen? Ich bin kein Kinderpsychologe, aber leichter gemacht habe ich meinen Eltern das Leben definitiv nicht.

Aus heutiger Sicht kann ich sie vollauf verstehen. Wenn Papas Verwandtschaft aus dem Westen zu Besuch gekommen ist, hat sie den Geschmack der vermeintlichen Freiheit und Glückseligkeit mitgebracht. Vom schönen Mercedes über den verführerisch duftenden Kaffee und verschiedensten Süßkram bis hin zu den schillernden Beschreibungen eines Paradieses, in dem sprichwörtlich Milch und Honig flossen, ist alles auf Verführung ausgelegt gewesen. Selbst eine eigene geräumige Wohnung und lukrative Jobs sollten den Erzählungen nach schon so gut wie auf sie warten. Für meine Eltern klang so ziemlich alles besser als die staatliche Bevormundung, das Reiseverbot oder die sozialistische Zwangs- und Mangelwirtschaft, wie es die DDR zu bieten hatte. Außerdem ist es ihnen ja auch um eine Familienzusammenführung gegangen.

Nach und nach entspannte sich die Situation wieder. Ein Jahr nach dem anderen ging ins Land, ohne dass der Ausreiseantrag bewilligt oder noch groß thematisiert wurde. Meine Eltern mussten sich wohl oder übel mit der Situation arrangieren – ganze acht Jahre lang.

Stufenweiser Abschied
von der Kindheit

Ich war 12 Jahre alt, als meine innig geliebte Omi mütterlicherseits verstarb. Sie hat bis zum Schluss in Wiebelsdorf gelebt, einem Hauch von Dorf mit etwa zehn Häusern, ganz in der Nähe unseres angestammten Wohnortes Triptis. Wiebelsdorf – deshalb habe ich sie zeitlebens auch nur meine Wiebel-Omi genannt. Mein Ein und Alles, eine Seelenverwandte und wichtigster Anker im Leben, der ich jederzeit mein Herz habe ausschütten können. Immer wenn die Schulferien vor der Tür standen, wollte ich zur Wiebel-Omi fahren und gab nicht eher Ruhe, bis meine Eltern mich zu ihr brachten. Und solange die Ferien nicht zu Ende gingen, hätte mich nichts und niemand von ihr loseisen können. Dinge wie Lebensfreude, Spontanität oder handwerkliches Geschick habe ich zweifellos von ihr geerbt. Diese Frau hat sogar aus altbackenen geblümten Damenunterhosen peppige Kissenbezüge genäht. Muss ich noch mehr sagen?

Doch jetzt, wo meine Eltern mit mir auf dem Friedhof standen, um an der Beerdigungszeremonie für sie teilzunehmen, war es mir nicht möglich zu weinen. Ich verstand nicht, warum und hasste mich dafür. Was für ein schlechter, abgrundtief böser Mensch musste ich wohl sein, wenn ich keine einzige Träne vergießen konnte? Weder Mama noch Papa wären im Stande gewesen, mir da durchzuhelfen. Sie lebten seit Jahren in ihrem eigenen Gefühlschaos. An jenem Tag auf dem Friedhof war ich der einsamste Mensch auf der Welt. Schlagartig wurden mir die Augen dafür geöffnet, dass ich Kraft und Stärke ab sofort nur noch aus mir selbst schöpfen konnte. Es war eine beängstigende Erkenntnis, die mich ein ganzes Stück weit aus meiner Kindheit riss.

Im Herzen hat mich meine Wiebel-Omi nie verlassen. Ich spüre sie von Zeit zu Zeit, höre den Klang ihrer Stimme, nehme noch immer Gerüche wahr, die typisch für sie waren oder denke darüber nach, welchen Rat sie mir in der einen oder anderen Angelegenheit wohl geben würde.

Mit 13 Jahren änderte sich auf einem ganz anderen Gebiet alles für mich. Plötzlich nahm ich meinen Körper völlig anders wahr, entwickelte Komplexe, weil ich noch immer wie ein Strich in der Landschaft aussah, während andere Mädels mit ihrer Oberweite und runden Hüften kokettierten. Genau das beeindruckte die Jungs mittlerweile mehr als mein burschikoses Auftreten.

„Kein Arsch und kein Tittchen, sieht aus wie Schneewittchen", lautet ein ebenso bekannter wie eingängiger Spruch, der perfekt auf mich zutraf.

Und das Schlimmste daran: auf natürlichem Wege konnte ich nichts dagegen tun. Egal, wie viel ich auch aß – und ich konnte reichlich in mich hineinstopfen – mein Körper blieb dünn und flach. Also griff ich zu anderen Mitteln, um weiblicher zu wirken. Unter meiner Hose trug ich zusätzlich lange weiße Unterhosen vom Opa, der mittlerweile fast kleiner war als ich, und stopfte mir reichlich Watte in die BHs, welche ich mir von der Mami „auslieh". Irgendwann bekam sie es mit und machte sich über mich lustig. Ihren Spruch dazu werde ich nie vergessen:

»Ja, ja, alles, was sie hatte, war Watte.«

Die gefühlte körperliche Unzulänglichkeit hinderte mich nicht daran, schon mit Jungs zu flirten und herumzuknutschen. Ich war wohl das, was man im Volksmund als frühreif bezeichnet.

In dem Alter verliebte ich mich auch zum ersten Mal mit Haut und Haaren, ausgerechnet in einen drei Jahre älteren Jungen namens René, den schönsten im Dorf, der mit seiner Crossmaschine regelmäßig und unüberhörbar an unserem Hof vorbeifuhr – auf dem Weg zu seiner großen Liebe, der unbestrittenen Dorfschönheit mit stets frischer Dauerwelle und üppigen Brüsten. Auch sie war deutlich älter als ich, wollte von ihm aber nichts wissen, zumindest erwiderte sie seine Liebe nicht. Zunächst gab ich mich noch mit der Rolle der schmachtenden Beobachterin zufrieden. Wenn Renés knatterndes Motorrad sich näherte, rannte ich hoch zum Dachfenster, von wo aus ich beobachten konnte, ob er sein Glück mal wieder bei meiner Konkurrentin versuchte oder nur seinen besten Kumpel besuchte, der außerdem noch mein Cousin war.

Wenn ich etwas will, dann tue ich so ziemlich alles, um es zu bekommen, auch gegen jede Chance und egal, wie viel Geduld es erfordert. Schon damals war ich so gestrickt und ergriff deshalb die erste günstige Gelegenheit beim Schopfe, um meinen Auserwählten für mich zu interessieren. Er lud mich tatsächlich zu sich ein, und ich ließ mich nicht lange bitten. Kaum angekommen, küssten wir uns auch schon. Das wilde Zungenspiel brachte mich in Wallung. Aber als er meine Hand behutsam zwischen seine Beine führte, wo ich den erigierten Penis spürte, bekam ich Angst vor der eigenen Courage. Das sollte es fürs Erste gewesen sein. Irgendwie waren wir uns stillschweigend darüber einig, dass es für den nächsten Schritt noch zu früh war. Zwei volle Jahre träumte ich weiter nur von ihm, wie wir beieinanderliegen würden, uns streichelnd und küssend. Mit 15 Jahren wollte ich dann nicht mehr warten, meine Träume sollten endlich Realität werden. Ich zog alle Register, eroberte ihn im Sturm und genoss den ersten Sex meines Lebens in vollen Zügen. Von da an träumten René und ich von einer gemeinsamen Zukunft.

Da heißt es immer, Schulzeit ist die schönste Zeit im Leben. Also, für mich war sie das jedenfalls nicht. Und ich spiele dabei nicht etwa auf meinen Spießrutenlauf als angebliche Verräterin am sozialistischen Vaterland an.

Nein, mein Problem ist das „lernen müssen" gewesen. Ich bin zwar mit einem fotografischen Gedächtnis gesegnet, womit das zähe Auswendiglernen weitestgehend entfiel, aber sich mit den ganzen Inhalten auch eingehend zu beschäftigen, ist mir ein Gräuel gewesen. Nur in Sport, Musik und Deutsch war ich sensationell gut – weil es mir Spaß machte. Mit den übrigen Fächern konnte man mich hingegen jagen.

Im Unterricht schweiften meine Gedanken oft dermaßen ab, dass ich nur körperlich anwesend war, um sozusagen den Stuhl zu wärmen. In Prüfungen überlebte ich vor allem durch Abschreiben. Dafür hatte ich meine „Beffi", eine echt coole Socke.

Auch sonst war ich in puncto Durchmogeln recht einfallsreich und kaltblütig.

Schwachstellen im System erkannte ich schnell. Zum Beispiel folgte die Rückgabe von Klassenarbeiten immer demselben Ritual: Die Klassenlehrerin teilte diese an die 21 Schüler aus, welche die jeweils erzielte Note bei Nennung des eigenen Namens laut ansagen mussten. Sobald mich eine Vier „angrinste" – eine Fünf ließ sich in aller Regel vermeiden – rundete ich großzügig um eine Note auf. Manchmal überkam es mich auch bei Dreien.

So sagte ich es selbstbewusst an, und so wurde es aktenkundig festgehalten. Wäre es aufgefallen, hätte ich eben vorgegeben, mich versprochen zu haben – konnte ja mal vorkommen. Tatsächlich bin ich damit aber nie aufgeflogen. Ich gewöhnte mir auch an, gelegentlich die Unterschrift meiner Mutter zu fälschen, wie sich herausstellte mit beachtlichem Talent. Auf die Art entging ich so manchem lästigen Ärger mit ihr, sei es wegen zu schlechter Leistung oder mangelnder Disziplin.

Aber so schlitzohrig wie ich gewesen bin, so verpeilt bin ich auch immer gewesen. Einmal saß ich zum Beispiel im Klassenzimmer und stellte überrascht fest, dass ich in Hausschuhen zur Schule gekommen war. Daran hat sich bis heute nichts geändert.

Es kommt durchaus vor, dass mich mein Sohn darauf aufmerksam macht, man könne das Waschetikett des Shirts an meinem Hals sehen, einfach, weil ich die Innenseite nach außen trage. Mein Alltagschaos wird mich sicher noch bis ins Grab begleiten. Aber hey, dafür bin ich authentisch, ganz und gar natürlich und echt. Und das ist gut so. Alles halb so schlimm, wenn man wie ich die Gabe hat, über sich selber lachen zu können.

Was die Schulkarriere angeht, als 16-Jährige habe ich noch in der DDR die mittlere Reife abgeschlossen. Eine erfolgreiche Motorradprüfung habe ich dort auch hingelegt – trotz heftig schmerzendem Hintern und Rücken. Noch am Tag zuvor war ich nämlich in einen Unfall verwickelt gewesen, von der Maschine direkt mit dem Arsch auf eine Motorhaube gestürzt und von dort auf den Asphalt. Der Helm flog bis auf die angrenzende Wiese. Es sah schlimmer aus, als es war, was meine Mutter nicht wissen konnte. Sie hatte alles mit angesehen und kam panisch auf mich zugerannt. Trotzdem fragte sie nicht erst, wie es mir ging und ob ich mich verletzt hatte, sondern es setzte eine Ohrfeige. Dabei schimpfte Mama wie ein Rohrspatz. Dass sie aus purer Angst um mich so aufgebracht reagierte – eine Kurzschluss-handlung – auf die Idee kam ich nicht und sie erklärte es mir auch nicht. Einmal mehr fühlte ich mich missverstanden und gleichzeitig irgendwie schuldig, weil ich ihr das Leben so schwer machte. So wie ich das damals sah, schien sie mich für „unkaputtbar" zu halten und aus Prinzip immer schuldig zu sprechen. Zurück blieben jedenfalls eine tiefe Delle in der Motorhaube des anderen Wagens und eben mein schmerzender Körper. Wochen später leuchtete der Hintern immer noch grün und blau.

Unterm Strich lässt sich festhalten, je mehr ich zur Frau wurde, desto unverständlicher wurde mir das Verhalten meiner Mutter.

Der nächste Zwischenfall ließ nicht lange auf sich warten. Nach dem Besuch der Dorfdisko lauerte mir ein junger

Bursche vor der Haustür auf und wurde zudringlich. Als einzige Rettung blieb mir nur übrig, Sturm zu klingeln. Sie öffnete, sah den jungen Burschen und ging daraufhin auf mich los, ohne meine Notlage zu erkennen. Wieder einmal hatte ich den Ärger angezogen, das genügte wohl als Auslöser. Zwar schlug sie den Schuldigen mit wüsten Beschimpfungen in die Flucht, doch ich war ihr erstes Angriffsziel gewesen. Stufenweiser Abschied von der Kindheit.

Entwurzelung, Kulturschock, Neubeginn

Im September 1989, also noch vor meinem 17. Geburtstag, begleitet von den ersten Massendemonstrationen in Leipzig und etwa zwei Monate vor der schicksalhaften Pressekonferenz des SED-Funktionärs Günter Schabowski zur DDR-Reiseregelung, ordnete die Obrigkeit urplötzlich an, dass meine Eltern mit meinem Bruder und mir binnen 24 Stunden die DDR zu verlassen hätten. Mama und Papa hatten die Flucht der etwa 50.000 DDR-Bürger über Ungarn nach Österreich im Sommer zwar mitbekommen – so etwas sprach sich herum wie ein Lauffeuer – doch hatte sie das Wohl ihrer Kinder davor zurückscheuen lassen, Ähnliches zu versuchen. Stattdessen wollte sich der Staat nun also selber seiner größten Querulanten entledigen, die schon seit Jahren auf eine Ausreiseerlaubnis drängten. Vermutlich nach dem Motto: Besser vom Hals schaffen, als dass die „Vaterlandsverräter" andere Leute subversiv zum Demonstrieren anstacheln.

Zwölf große Holzkisten – jeweils etwa zwei Meter mal zwei Meter und von meinem Vater bereits 1981 nach der Antragstellung gefertigt – warteten mit dem wichtigsten Hausrat seit nunmehr acht Jahren darauf, in den Westen geschafft zu werden. Dazu gehörten sieben verschiedene Listen mit schier endlosen Seiten plus der zusätzlich geforderten Durchschläge, in denen meine Eltern seinerzeit jedes einzelne Stück peinlich genau hatten auflisten und spezifizieren müssen – bis hin zu den Kochtopfdeckeln. Mobiliar, Küchengeräte und sonstige Dinge, die zu schwer und sperrig waren, wurden jetzt kurzerhand verschenkt, natürlich in der Annahme, die DDR würde Bestand haben und wir nie wieder zurückkehren. Auch tauschte Papa unser gesamtes Geld gezwungenermaßen zum Kurs von 1:50, nur wenige Monate später lag der offizielle Tauschkurs schon bei 1:5. Zwölf Kisten mit Hausrat und ein Škoda – so sah unser ganzer Reichtum aus.

Eine dieser Kisten habe ich übrigens noch jahrelang als Wohnzimmertisch genutzt.

Derselbe Cousin meines Vaters, der uns während seiner jahrelangen Besuche immer wieder versichert hatte, dass wir bei genehmigter Ausreise von ihm und dem Rest der Verwandtschaft in Hannover aufgenommen werden würden, beziehungsweise dass für uns in null Komma nichts eine eigene Wohnung organisiert sein würde, präsentierte sich plötzlich überfordert.

Lange Rede, kurzer Sinn, wir landeten in einem Notaufnahmelager in Herzberg am Harz in Südniedersachsen. Gebäude und Areal wirkten wie eine Kaserne, kalt und seelenlos.

Dort hatten wir es vor allem mit osteuropäischen und russischen Aussiedlern und Spätaussiedlern zu tun. Zu viert hausten wir in einem Minizimmer mit schmalen Schränken und provisorischen Metallbetten. Um uns herum Menschen, deren Sprache ich nicht verstand, die ungepflegt und schäbig aussahen, ganz anders als wir.

Ich fühlte mich wertlos und verloren, wie ein Mensch zweiter Klasse. Von einem Tag auf den anderen mittellos, fremd und unerwünscht zu sein, sich wegen Suppe und ein paar Scheiben Brot wie ein Bettler anstellen zu müssen – die BRD mutete für mich wie die Hölle auf Erden an, ich hasste, was ich sah. Mein Liebeskummer gab mir den Rest. Zu der Zeit ging ich davon aus, meine große Liebe René niemals wiederzusehen, mit dem ich verlobt war, den ich heiraten wollte. Ich glaube, so viel wie in jenen Tagen habe ich kein zweites Mal geweint. Meine innere Zerrissenheit mündete in Todessehnsucht.

»Ich will nicht mehr. Ich bring mich jetzt um«, verkündete ich dann auch und kletterte auf die Fensterbank, um mich hinauszustürzen.

Bei der Fallhöhe hätte es mindestens für zwei mehrfach gebrochene Beine gereicht, und meine Mutter schrie mich verständnislos an. Ich solle damit sofort aufhören und gefälligst von der Fensterbank runterkommen. Ich würde ja wohl komplett spinnen und sie das nicht mehr mitmachen. Entschlossen griff sie zum Telefonbuch, um die Nummer eines geeigneten Nervenarztes oder etwas Vergleichbares zu finden. Doch bevor sie sich etwas notieren konnte, sprang ich tatsächlich von der Fensterbank, riss die in Frage kommende Buchseite heraus und fraß diese auf. Daraufhin blätterte Mami nicht weiter im Telefonbuch, und ich bemühte nicht mehr die Fensterbank. Eine skurrile Situation ist das gewesen.

Was René anging: Nach dem Fall der Mauer besuchten wir uns mehrfach, doch irgendwie konnten wir nicht mehr zusammenfinden. Woran es nun genau lag, ob an meinen unsäglichen Lebensumständen oder der wochenlangen Trennung in Ungewissheit, kann ich nicht mit Bestimmtheit sagen. Unsere Wege trennten sich einfach.

Ich konzentrierte mich stattdessen darauf, etwas zu lernen, wenn ich schon in diesem Herzberg festsaß. Ein schickes Hotel mit dazugehörigem Restaurant hatte es mir angetan, also bemühte ich mich dort erfolgreich um eine Ausbildung zur Hotelfachfrau.

Leider war der Chef des Ganzen ein fein herausgeputzter aber cholerischer Tyrann vor dem Herrn, der sogar mit Gläsern und Schlüsseln nach mir und anderen warf und es als verheirateter Mann und Vater dem Hörensagen nach mit der Chefkellnerin trieb. Ich sah in ihm einen geldgierigen, den Gästen gegenüber ekelhaft schleimenden Geschäftsmann, der hinter deren Rücken böse über sie lästerte.

Die Arbeitsatmosphäre war dermaßen haarsträubend und das Arbeitspensum so ausbeuterisch – von frühmorgens bis mittags und anschließend vom frühen Abend bis tief in die Nacht bei wenig Ausbildungsgehalt – dass ich die Ausbildung schließlich weinend hinschmiss. Und dabei habe ich das miese Spiel noch viel zu lange mitgemacht, aus Angst vor meinem Chef und den eindringlichen Worten meiner Mutter:

‚Pass auf, dass du dir deine Chance nicht kaputtmachst.‘

Das Verhältnis zwischen mir und meiner Mutter blieb weiter angespannt. Vorläufiger Höhepunkt war ein Vorfall in Zusammenhang mit einem Brand. Am Abend war ich mit Kollegen noch etwas trinken gegangen und dabei zufällig in einen Gassenbrand geraten. Wir wurden von Feuerwehr und Polizei evakuiert und befragt, was sich ewig hinzog. Als ich deshalb später als abgesprochen nach Hause kam – stocknüchtern wohlgemerkt – erhob meine Mutter noch an der Wohnungstür die Hand gegen mich. Zum ersten Mal in meinem Leben wehrte ich mich auch körperlich, indem ich fest ihren Arm packte:

»Wenn du mich jetzt schlägst, schlag ich zurück.«

In mir brodelte es, ich hätte ernst gemacht. Mami sah mir in die Augen und muss es erkannt haben, denn sie ließ es bleiben.

Nicht lange nach meinem Ausbildungsabbruch führte sie ein Telefonat mit einem ihrer Brüder, dem sie unser Leid klagte. Der hatte mit seiner Familie ebenfalls vor Mauerfall ausreisen dürfen, war aber im niederbayerischen Deggendorf gelandet – seinen Schilderungen zufolge ein Volltreffer:

»Mensch, kommt zu uns nach Niederbayern, das wird auch den Kindern guttun!«

Daraufhin ist Papa dort zunächst auf Arbeits- und Wohnungssuche gegangen, bevor wir nach weiteren Monaten in Herzberg am Harz alle gemeinsam umgezogen sind. Als das Gelbe vom Ei habe ich es noch immer nicht empfunden, denn ich musste ein Zimmer mit meinem Bruder teilen, aber wenigstens war es nicht mehr zu vergleichen mit dieser entwürdigenden „Kaserne“ vorher. Endlich konnte man wieder befreit durchatmen. Auch die Mama fand schnell wieder einen Job als Reinigungskraft. So ist unsere Familienmentalität: immer fleißig sein, nur nicht arbeitslos dahinvegetieren, irgendeine Arbeit lässt sich immer finden. - In diesem Sinne fand ich in einem Geschäft für Berufsbekleidung einen Ausbildungsplatz zur Einzelhandelskauffrau. Aber zu früh gefreut, erst war es dieser Tyrann im Hotel gewesen, jetzt quälte mich eine ewig unzufriedene, übellaunige Hexe von Geschäftsinhaberin. Die war so böse wie sie alt war und ließ mich mehr die Regale und das Klo putzen, als dass sie mir etwas beibrachte. Sobald ich mit der Kundschaft eine angenehme Unterhaltung führte, grätschte sie unter einem Vorwand dazwischen, um das zu unterbinden.

Meine Lebensfreude schien ihr ein Dorn im Auge zu sein.

Eines Abends ging ich verzweifelt und verheult nach Hause, als ich aus einem Laden mit Musikinstrumenten heraus angesprochen wurde. Der junge blonde Typ wollte von mir wissen, was denn mit mir los sei, warum ich so unglücklich wäre. Bis dahin hatten wir uns immer nur im Vorbeigehen gegrüßt und angelächelt. Seine ganze Art war so einfühlsam und die Stimme derart vertrauenerweckend, dass es nur so aus mir heraussprudelte. So erfuhr er von meiner Ausbildung und welchen Schikanen ich dort ausgesetzt war.

»Da gehst du nicht mehr hin!«, sagte er daraufhin. In dem Laden, vor dem wir gerade standen, war er Juniorchef und zudem in meinem Alter.

Zwischenzeitlich hatte sich sein Vater und außerdem Seniorchef dazugesellt, der hinzufügte, dass sie eh gerade auf der Suche nach einem Lehrling wären, ich meine Ausbildung also genauso gut auch bei ihnen machen könne.

Ich dachte nicht weiter darüber nach, sondern brach meine Probezeit kurzerhand ab, um stattdessen eine Ausbildung zur Einzelhandelskauffrau für Musikfachinstrumente zu beginnen.

So nahm das Jahr 1990 doch noch einen positiven Verlauf, zumal ich eine feste Größe als rechte Hand des Seniorchefs wurde, mich voll einbringen durfte und in entspannter Atmosphäre sehr viel lernte. Ob bei der Buchhaltung, der Ladendeko oder auf Messen, allem drückte ich auf Basis der erlernten Grundlagen schnell auch meinen persönlichen, innovativen Stempel auf.

Der Seniorchef wurde zu meiner wichtigsten Bezugsperson, einem beschützenden Mentor, welcher mir neues Selbstvertrauen einimpfte. Irgendwie war dieses beim Weggang aus der DDR wohl am „antifaschistischen Schutzwall" hängen geblieben. Ich war noch immer attraktiv, sportlich, schlank und mit langen dunkelbraunen Haaren, nur eben ohne Selbstwertgefühl. Das änderte sich nun. Ich nahm sogar professionelle Stunden, um das Spielen meines Lieblingsinstrumentes zu erlernen: Saxofon. - Allerdings verging mir die Lust daran recht schnell wieder, weil mir unsere Wohnungsvermieterin wegen Lärmbelästigung aufs Dach stieg und ich somit nur zwischendurch im Geschäft üben konnte. Und ich bin nun mal der Ganz-oder-gar-nicht-Typ.

Was mir darüber hinaus guttat: Es kam zu einer zweijährigen Liebesbeziehung mit dem Juniorchef. Endlich war ich Herrin über mein eigenes Leben, wurde zur aktiven Architektin meines Schicksals. Den Großteil des Ausbildungsgehaltes investierte ich in einen Autoführerschein, von dem spärlichen Rest habe ich meinen Eltern Kostgeld gegeben. Beide hielten das für normal, weil ich ja schließlich meine Füße unter ihren Tisch stellte, wie sie mir erklärten. Ich stellte das nicht in Frage, konnte es sogar nachvollziehen. Nicht zuletzt deshalb verdiente ich mir abends als Bedienung im nahegelegenen Café etwas dazu. Freitags jobbte ich außerdem bis in die Nacht in einem Kellerlokal, wo mein Ausbilder und Mentor nebenbei in einer Zwei-Mann-Band auftrat. Alles zusammengenommen verdiente ich richtig gut.

Allerdings tat ich etwas, was mich auch zukünftig immer wieder in fatale Situationen bringen würde: mich miserabel beraten oder besser bequatschen lassen. - In diesem ersten konkreten Fall handelte es sich um meine Chefin im Café, die mit prüfendem Blick feststellte:

»Mensch, du musst langsam mal aufpassen, bist ganz schön dick geworden.«

Dass ich daraufhin mit Joggen angefangen habe, war ja noch vertretbar, nicht aber der aufkeimende Schlank-heitswahn.

Von ‚dick geworden' war ich, nebenbei gesagt, Lichtjahre entfernt.

Meine Ausbildung zur Einzelhandelskauffrau schloss ich zwar erfolgreich ab, doch das Musikfachgeschäft lief als kleiner Familienbetrieb nicht gut genug, um mich zu übernehmen. Schweren Herzens trennten sich unsere Wege.

Aufgrund meines Abschlusszeugnisses hätten mich profi-tablere Betriebe zweifellos mit Kusshand übernommen. Aber nein, jetzt zahlte sich aus, dass ich als Bedienung im Café eine gute Figur gemacht hatte, denn der Inhaber stellte mich sofort als Kellnerin für sein Restaurant plus das Café fest ein.

Im Jahr 1994 lernte ich in der Diskothek „Max" im niederbayerischen Straubing einen Typen mit Spitznamen
„Crispy" kennen, in den ich mich Hals über Kopf verliebte.
Als junge Frau schneller Entschlüsse brach ich meine Zelte
in Deggendorf ab und suchte mir eine Wohnung in
Straubing. Wieder fand ich eine Anstellung als Bedienung in
einem Café, diesmal im angesagten „Gala", und arbeitete an
den Wochenenden in besagter Diskothek.

In einem Unternehmen lötete ich auch im Akkord Handy-
teile zusammen oder verdingte mich als Tagesmutter.

Je mehr, desto besser, den Verdienst hielt ich eisern
zusammen. Ich war sicherlich einiges, doch verschwende-
risch ganz und gar nicht.

Wieder schlug meine fatalste Schwäche zu: das naive
Befolgen selbstzerstörerischer Ratschläge. - In einer WG
wohnte „Crispy" unter anderem mit einer jungen Frau
zusammen. Als wir dort eines Abends eine regelrechte
Fressorgie veranstalteten – alle gemeinsam hatten wir
einfach zu viel Gutes eingekauft und gekocht – stoppten
mich irgendwann Völlegefühl und schlechtes Gewissen:

»Ich kann nichts mehr essen. Ich will nicht zunehmen.«

»Du kannst es ja wieder auskotzen«, kommentierte die
besagte junge Frau, so als wäre es das Normalste auf der
Welt.

Ich muss sie ziemlich dümmlich angestarrt haben. »Wie
bitte? Wie jetzt, auskotzen?«

»Ja, ganz einfach, Finger in den Hals, schon kommt alles
wieder raus.«

Anstatt ihr einen Vogel zu zeigen, wie es jede selbstbe-
wusste Frau getan hätte, die mit sich im Reinen ist, ging ich

ins Bad und probierte es „erfolgreich" aus. Damit war mein Problem hinsichtlich Essstörung geboren, welches mich in Phasen über Jahre begleiten sollte.

Ein spontaner Dreimonatstrip
in die USA

Es war im Januar 1995, als ich erfuhr, dass mich mein Kerl „Crispy" mit anderen Frauen betrog, und meine innere Stimme gab mir zu verstehen, dass der eigene Lebenswandel mich schwächer anstatt stärker machte. Irgendwie musste ich meine Lebenssituation hinter mir lassen, gesundes Selbstvertrauen tanken, echte Stärke beweisen. Rettung sollte ein spontaner Flug in die USA mit Rückflugticket nach drei Monaten bringen. Verrückt – ich sprach weder gut Englisch, noch hatte ich einen konkreten Plan oder die leiseste Vorstellung davon, was mich erwarten würde! Als Bezugsperson gab es lediglich eine Freundin, die in der Nähe von New York als Au-pair-Mädchen angefangen hatte.

Aber war dies nicht das Land der unbegrenzten Möglichkeiten und Chancen?! Genau deshalb wollte ich mich dort der ultimativen Herausforderung stellen, quasi ein Überlebenstraining absolvieren – nur ich und meine verborgenen Talente.

Der New Yorker Flughafen war noch keine Herausforderung, ein Taxi zu besteigen und mich ins pulsierende Herz von New York City chauffieren zu lassen mit Händen und Füßen auch noch zu stemmen. Tja, und dann wurde es schon eng. Wo konnte man ein bezahlbares Plätzchen zum Schlafen finden? Die Hochhäuser, der mörderische

Straßenverkehr, anonyme Menschenmassen – plötzlich fühlte ich mich unendlich klein und verloren.

Entgegen der landläufigen Meinung, Amerikaner seien oberflächlich und besonders in den Großstädten würde sich niemand um seinen Nächsten kümmern, erlebte ich beherztes Mitgefühl. Meine verzweifelten Tränen sorgten in Minuten dafür, dass sich Menschen um mich bemühten und mich zu einem Youth Hostel, also einer Jugendherberge brachten.

Für 20 Dollar die Nacht hatte ich fürs Erste ein Dach über dem Kopf. Beim Anblick des Publikums wollte trotzdem keine Freude aufkommen. Es kam mir vor, als versammelten sich dort alle hoffnungslos Gestrandeten der Stadt. Am späten Abend war die gesamte Lobby zugeparkt mit Rucksäcken und der Weg bis zu meinem Mehrbettzimmer von Leuten gesäumt, die sich ihre Schlafplätze auf den düsteren Gängen bereitet hatten. Es wurde eine ungemütliche Nacht. Jedes ungewohnte Geräusch ließ mich hochschrecken.

Am nächsten Morgen nahm ich per Telefonzentrale Kontakt zu meiner Freundin auf, die bei einer Familie in Massachusetts nahe Boston arbeitete. Zu ihr flog ich und blieb zwei Tage. Der Ort war klein und verschlafen, dort sagten sich sprichwörtlich Fuchs und Hase gute Nacht. Ihre Gastfamilie war bezaubernd, bot sogar an, mich als Au-pair-Mädchen bei einer anderen Familie unterzubringen. Nur leider war das so gar nicht meine Vorstellung von Abenteuer und der großen weiten Welt für die nächsten drei Monate – im Nirgendwo inmitten solcher biederen Kirchengänger.

Stattdessen fanden wir übers Internet das Jobangebot eines Hotel-Resorts mit großer Bungalowanlage in Kanada, irgendwo in den Bergen und gut erreichbar mit dem Zug. Man war unter anderem auf der Suche nach Personal für die Wäscherei – Bettlaken zusammenlegen und so – was so gut wie kein Englisch erforderte.

Ich verdiente mir dort Geld dazu, lernte viele Leute kennen und konnte dabei gleich noch englische Sprachkenntnisse erwerben – alles im grünen Bereich. Sogar wilde Bären habe ich in der Umgebung beobachtet.

Es wurde eine unvergessliche Zeit, für zwei Wochen, dann entschied ich, dass mir Kanada zu weit weg vom Schuss lag. Ich wollte dorthin, wo der Bär gesellig steppte und nicht scheu die Einsamkeit suchte.

Außerdem bevorzugte ich Sonne und Wärme, keinen Schnee und eisige Kälte.

Die meiste Action versprach Los Angeles. Die Stadt der Engel mit ihrem Glamour-Faktor wollte ich auf keinen Fall verpassen, also wurde es ein Flug rüber nach Kalifornien. Da saß ich nun mit meinem Rucksack, verzweifelt auf einer Treppe in Santa Monica und den Tränen so nah wie anfangs in New York. Neben dem Wetter gab es jedoch einen weiteren gewaltigen Unterschied, nämlich in Person eines etwa 70-jährigen Mannes mit Namen Bill. Dieser entpuppte sich als wahrer Engel – wie passend in Los Angeles – der mich mitfühlend ansprach:

»Hey, what's up?«

»Nichts, ich bin Deutsche und kann sowieso kein Englisch«, antwortete ich auf Deutsch und sah ihn dabei nicht einmal an, während ich mich weiter in meinem Selbstmitleid suhlte.

»Hey, ich bin auch Deutscher«, reagierte er hocherfreut in meiner Sprache – nicht mehr ganz akzentfrei aber dennoch mit Berliner Zungenschlag – und setzte sich dazu.

Nach einer ewig langen Unterhaltung über Gott und die Welt im Allgemeinen sowie unsere jeweilige Lebenssituation im Besonderen ließ er mich bei sich wohnen. Ich spürte instinktiv, dass er nichts Böses im Schilde führte. Vielmehr verstanden wir uns auf Anhieb wie Vater und Tochter. Offensichtlich bereicherte ich Bills Rentnerdasein in Übersee, so wie er auch mein Leben bereicherte. Unterstrichen hat er das immer wieder damit, dass er mich liebevoll „funny face" nannte.

»Good morning, funny face«, war in dem Zusammenhang seine häufigste Wortkombination.

Ich meinerseits habe gleich zu Beginn seinen Singlehaushalt auf Vordermann gebracht. Wäsche waschen, Staub wischen, gefälliges Platzieren des Inventars – die weibliche Note halt. In seiner Küche haben wir regelrechte Kochfeste gefeiert, Wiener Schnitzel, Marmorkuchen und andere Leckereien aus der Heimat zubereitet. Entspannte Stunden verbrachten wir auch auf der Yacht eines engen Freundes.

Bill erwies sich zudem als toller Tour Guide. Gemeinsam besuchten wir unter anderem ein beliebtes Einkaufscenter.

Wie an der Schnur gezogen stand ich dort plötzlich in einer schicken Jeansboutique und fragte ziemlich unbeholfen, ob ich den per Aushang angebotenen Job bekommen könnte.

Der Chef redete nicht lange drumherum: »Your english is so fuckin' bad …«

In dem Augenblick betrat eine größere Gruppe deutscher Touristen den Laden. Ich nahm es als Chance, holte zur Charmeoffensive auf Deutsch aus und gab mal eben die Verkäuferin. Erfolg und angstfreie Spontanität sprachen für mich. Ich wurde eingestellt. Auch Bill, der das Ganze als unbeteiligter Beobachter verfolgt hatte, war sichtlich begeistert und zollte mir Respekt. Als Erstes habe ich deren Warenlager auf Vordermann gebracht, will sagen ein strukturiertes Regalsystem eingeführt. Zum Verkaufswunder wurde ich außerdem und kümmerte mich sorgfältig um die Warenpräsentation in Schaufenster und Verkaufsraum, bis man mir sogar eine dauerhafte Arbeitserlaubnis ermöglichen wollte. Die Mentalität des Boutique-Chefs und von mir harmonierten perfekt. Er ließ mich machen, und ich machte.

Parallel zu meinem Boutique-Job in der Mall in Santa Monica ergab sich noch ein Hotel-Job im benachbarten Venice. Alles fing damit an, dass ich auf Rollerblades am Venice Beach entlangfuhr. Vor einem der Hotels kam es zum netten Plausch mit jungen deutschsprachigen Hotelgästen, die mir unter anderem davon berichteten, dass die Hotelleitung auf der Suche nach Zimmerpersonal wäre. Ich sprach, ohne Zeit zu verlieren, vor. Es kam zu einem spontanen Gespräch mit dem zuständigen Manager, und wir wurden uns nach gerade mal einer halben Stunde einig.

Das Sahnehäubchen dabei: Ich durfte umsonst in einem großen Gemeinschaftszimmer für die Angestellten wohnen, was zu einer extrem geselligen und bereichernden

Erfahrung geworden ist. Bill, bei dem ich ja untergekommen war, gratulierte mir zu der Möglichkeit. Wir blieben weiterhin freundschaftlich verbunden. Oft besuchte er mich im Hotel, oder wir trafen uns in der Mall oder anderswo.

Mein Rhythmus sah fortan so aus, dass ich von morgens bis mittags die Hotelzimmer der Gäste reinigte und ab Nachmittag in der Boutique jobbte. Abends war dann lockeres Abhängen mit Kollegen angesagt oder ich kurvte auf Rollerblades durch Santa Monica und Venice. Die Sonnenuntergänge an der Strandpromenade waren der Wahnsinn. Diese malerischen Farben, die entspannte Atmosphäre inmitten lebenslustiger Menschen – ich fühlte mich stark und frei wie noch nie, unendlich glücklich.

Mein gewohntes Leben in Straubing, sicher und vertraut, wollte ich dennoch nicht aufgeben. Und so haben mir fast alle, die ich in Kalifornien ins Herz geschlossen habe, am Flughafen einen liebevollen Abschied bereitet. Es waren nicht wenige.

Um es nochmals zu betonen: Ich habe die Amerikaner nicht als oberflächlich kennengelernt. Klar, dieses „How are you?" mit dem überfreundlichen Lächeln dazu ist zunächst einmal eine Floskel. Doch ob fremd oder nicht fremd, lieber so, als dass die Menschen sich gegenseitig ignorieren. Und schnell wird daraus eben auch ehrliche Anteilnahme. Ich meine, davon könnten wir uns in Deutschland eine ordentliche Scheibe abschneiden.

Zurück in New York, hat mich das U-Bahnnetz dermaßen verwirrt, dass ich falsch eingestiegen bin. Der Waggon wurde leerer, die Fahrgäste immer dunkelhäutiger, und die Subway-Stationen wirkten irgendwann gar nicht mehr einladend. Sehr wohl habe ich mich in meiner Haut nicht gefühlt. Als der Zug die Endstation erreichte und ich den Bahnhof verließ, fühlte ich mich mehr in der Dritten Welt angekommen als in einer blühenden Industrienation mit dem Anspruch, Vorbild für Freiheit und Demokratie in der Welt zu sein. Doch selbst jetzt wurde ich mit meinem Rucksack weder schräg angeguckt, noch in irgendeiner Weise belästigt, sondern konnte unbehelligt in die andere Richtung zurückfahren.

Am Tag darauf bin ich nach Deutschland zurückgeflogen und machte mich daran, mir voller Elan über den nächsten wichtigen Schritt in meinem Leben Gedanken zu machen. Die zulässigen drei Monate hatte ich voll ausgenutzt. Länger zu bleiben hätte unweigerlich Illegalität bedeutet. Die Rückreise in die Heimat wäre zwar auch dann noch problemlos möglich gewesen, doch in den USA hätte man mich womöglich bis in alle Ewigkeit zur Persona non grata erklärt. Das musste ja nicht sein. Davon abgesehen, drei Monate hatten völlig ausgereicht. Neue Freundschaften hin oder her, so scharf war ich auf Amerika auch wieder nicht. Eigentlich überhaupt nicht, denn dafür war ich zu heimatverbunden und sah meine Zukunftsperspektiven in Deutschland.

Ruf der Schauspielerei – mein Schicksal erfüllt sich

In mir reifte der Gedanke, weshalb ich mit meiner angehäuften Erfahrung in der Gastronomie eigentlich kein eigenes Lokal eröffnen sollte. Zusammen mit „Crispy" und seinem Spezi Tom machten wir noch im Jahr 1995 Nägel mit Köpfen – mitten in Straubing. Nur leider ging das nicht lange gut. Tom, der aus gutem Hause stammte und mit Gastronomie so gar keine Erfahrung hatte, machte es sich zur Angewohnheit, ihm sympathische Stammgäste plus Freunde zu Speis und Trank einzuladen. Unnötig zu erwähnen, dass sich der Besuch solcher Leute verdächtig häufte.

»Hör mal zu, wir kommen auf keinen grünen Zweig, wenn du andauernd die Leute einlädst«, richtete ich schließlich einen ebenso mahnenden wie erfolglosen Appell an ihn.

Er konnte oder wollte es nicht begreifen, war einfach zu gutmütig und großzügig, was dazu geführt hat, dass wir uns überworfen haben. Prompt ließ mein Schicksal erneut die Würfel rollen.

Schon als Kind hatte ich den Wunsch, Schauspielerin zu werden, spielte ab der ersten Klasse in der Laienspielgruppe der Schule begeistert Theater.

Vor Publikum auf der Bühne zu stehen und mich mit Gesang, Tanz und Schauspiel auszudrücken, machte mich glücklich. Bereits in der Zeit davor habe ich Auftritte vor Erwachsenen absolviert, zum ersten Mal auf einer Hochzeit mit vier oder fünf Jahren. Mit dem leidenschaftlich vorgetragenen Gedicht über einen Nachttopf, gefüllt mit Bier sowie einer Bockwurst, trieb ich dem Publikum Lachtränen in die Augen. Ab da war ich auf jeder größeren Festivität der Gegend eine gesetzte Größe. Als selbstbewusst coole, freche und dabei noch süße Püppi, die ich war, eroberte ich die Herzen im Sturm. Was mir bei alldem schon damals sehr gute Dienste erwiesen hat, war mein fotografisches Gedächtnis. So ist „Der Zauberlehrling" von Johann Wolfgang von Goethe zwar sehr umfassend und anspruchsvoll, trotzdem brauchte ich das Werk nur wenige Male konzentriert zu lesen, um es mir einzuprägen und schließlich fehlerfrei vorzutragen.

Nachdem ich nun also meine Ausbildung zur Einzelhandelskauffrau in der Tasche hatte und in Straubing mittlerweile Mitbetreiberin eines Lokals war, nahm mich erneut der Traum von einer Schauspielkarriere gefangen.

Meine innere Stimme drängte mich dazu, endlich etwas in diese Richtung zu unternehmen. Wäre es nach meiner Mutter gegangen, hätte ich den Impuls besser ignoriert.

‚Du und Schauspielerin – weil sie auch gerade auf dich warten, was. Lass es doch besser, das schaffst du eh nicht.' In diese Richtung ging ihre Einstellung, und daraus machte sie auch kein Geheimnis. Ganz im Gegenteil, sie wollte es mir aus Sorge um meine Zukunft unbedingt ausreden. Viele andere Eltern reagieren bezüglich einer Schauspielausbildung zweifellos ähnlich, wenn es um ihre Kinder geht. -

Ja, meine Mama ist nie besonders gut darin gewesen, mir Mut und Zuversicht zu geben. Schon während meiner Kindheit hatte ich damit leben müssen, dass ihr nichts gut genug gewesen ist. Die gemalten Bilder anderer Kinder hatten ihr meist besser gefallen, und wenn ich die Note Zwei nach Hause gebracht habe, hätte es selbstredend eine Eins mit Sternchen sein müssen. Dafür hatte sie andere Stärken wie Familienzusammenhalt.

Aktuell gab ich nichts auf ihre Meinung, sondern tat, was ich für richtig und wichtig hielt – sogar auf zwei Wegen. Zum einen bewarb ich mich mit einem selbstgedrehten Video – seinerzeit machte man das mit einer V8-Kamera – beziehungsweise mit einer selbst erarbeiteten Moderation bei dem Musiksender VIVA als Moderatorin. Parallel bewarb ich mich auch gleich an der renommierten Schauspielschule „Schauspiel München", das allerdings nur in Schriftform mit Lebenslauf, Motivationsschreiben und Foto. Es war ein zermürbendes Warten auf Antwort, bis die Ablehnung des Musiksenders eintraf. Noch stürzte ich mich mit ganzer Kraft in das Abenteuer mit dem eigenen Lokal, wollte eben nicht nur wie auf heißen Kohlen auf gut Glück abwarten.

Dann folgte tatsächlich die Einladung zum Vorsprechen an der „Schauspiel München", wo sowohl klassische als auch moderne Schauspielkonzepte nach Stanislawski und anderen gelehrt wurden. Dort angenommen zu werden, war ein ganz besonderes Privileg, und entsprechend aufgeregt war ich vor meiner persönlichen Vorstellung. Hinzu kam noch, dass mir mein „Chaotentum" auf die Füße zu fallen drohte. Erst bei Eintreffen vor dem Schulgebäude realisierte ich nämlich, dass ich womöglich irgendetwas übersehen haben könnte. Unmengen junger Leute mit Zetteln in Händen schritten aufgeregt auf und ab, sorgten für ein wildes Durcheinander von Textmonologen. Auf den Gängen im Gebäude sah es nicht anders aus. Mir lief ein Schauer über den Rücken. Was war hier eigentlich los?

Ich muss wohl wie bestellt und nicht abgeholt gewirkt haben, jedenfalls erbarmte sich jemand meiner: »Bist du zum Vorsprechen hier?«

»Ja klar.«

»Dann musst du erst mal deine drei ausgewählten Stücke mit Szene und Rolle eintragen. Du weißt schon: Komödie und Tragödie, dazu noch was Modernes.«

Nein, ich wusste gar nichts, war davon ausgegangen, dass ich mich an diesem Tag nur allgemein würde vorstellen müssen.

Jetzt war meine kreative Schlitzohrigkeit gefragt – und zwar pronto. Ich eilte in die nächste Telefonzelle, um von dort aus die Schauspielschule anzurufen. Genau genommen sprach ich auf einen Anrufbeantworter:

»Ja, guten Tag, hier ist die Doreen Dietel. Ich hätte heute eigentlich ein Vorsprechen. Auf dem Weg nach München bin ich aber mit einer Autopanne liegengeblieben. Könnten Sie mir bitte einen Ersatztermin geben, ich kann heute nicht erscheinen.«

Es war eine überzeugend vorgetragene Darbietung voller Verzweiflung, Enttäuschung und Hilflosigkeit, die alleine schon meine Aufnahme in diese Schauspielschule gerechtfertigt hätte, wie ich fand. Zurück in Straubing, wartete bereits eine ermutigende Sprachnachricht auf mich:

Man hoffe, mir würde es gutgehen, und ich wäre für den nächstmöglichen Termin in zwei Wochen vorgemerkt. - Schön und gut, aber in zwei Wochen drei Szenen auszuwählen und akribisch vorzubereiten, das war alles andere als ein Honigschlecken. Da reichte ein fotografisches Gedächtnis alleine nicht aus. Eine Regisseurin und Theaterschauspielerin aus Passau hat mich dann gecoacht. Wie ich an die gekommen bin? Es gab wohl einen Aushang in der Schule, meine ich. Wie auch immer, sie war klasse, schlug mir auch die geeigneten Stücke und Monologe vor. Zum Beispiel sollte ich die Luise aus Schillers „Kabale und Liebe" oder eine völlig durchgeknallte Geisteskranke geben, die von Halluzinationen heimgesucht wird. Es folgten zwei harte Wochen zwischen Kellnern in Straubing und Rollenstudium in Passau. Doch es lohnte sich. In drei mal fünf Minuten wusste ich in völlig unterschiedlich gelagerten Rollen zu überzeugen und bestand die Aufnahmeprüfung.

Von jetzt an warteten hochkarätige Lehrer wie die langjährige Theater- und Fernsehschauspielerin Esther Hausmann, der Schauspieler und Regisseur Burkhard C. Kosminski, Rüdiger Hacker oder Herbert Trattnigg darauf, mich zu führen und zu formen.

Das Straubinger Lokal überließ ich bereitwillig „Crispy" und Tom. Es war nun nicht mehr mein „Baby".

Abwechslungsreiche Jahre am „Schauspiel München"

Im September 1996 ging es mit meiner Ausbildung an der Schauspielschule los. Über eine Annonce in der Süddeutschen Zeitung suchte ich nach einem Job als Nanny im Großraum München inklusive Wohnmöglichkeit. Untergekommen bin ich schließlich in Nußdorf am Inn, noch hinter Rosenheim, was mit dem Zug eine Fahrzeit von etwa einer Stunde bedeutete. Ich hatte zwei Kinder zu betreuen und das Einfamilienhaus sauber zu halten. An den Wochenenden bin ich zunächst noch nach Straubing gependelt, um in dem Lokal auszuhelfen, das nunmehr von „Crispy" und Tom alleine weitergeführt wurde. Abgesehen davon war ich ja noch mit „Crispy" liiert.

Zwei Probleme wurden schnell akut: Einmal die Entfernungen, welche mich enorm viel Zeit kosteten, zum anderen die Tatsache, dass ich die Anbindung an meine Schauspielklasse verlor. Ich war viel zu selten dabei, wenn man nach dem Unterricht noch beisammen saß und gemeinsames Rollenstudium betrieb oder zum Abhängen ins Café ging. Diese Rolle als Außenseiterin behagte mir gar nicht, ich empfand es als belastend.

Aber von irgendwoher musste ja das Geld für meinen Lebensunterhalt kommen, und eine günstige Wohnung in oder bei München zu finden gestaltete sich ebenfalls schwierig.

Meine Situation besserte sich schlagartig, als ich ein WG-Zimmer in München ergattern konnte, so wie es auch etliche andere in meiner Klasse praktizierten. Auf der Suche nach einem neuen Job als Bedienung klapperte ich alle möglichen Cafés in München ab. Unter anderem auch eines, das ich besonders toll fand, eine der Topadressen in Schwabing. Dort erhielt ich meine Chance, und mir wurde eine ganz neue Welt eröffnet. Aber dazu im nächsten Kapitel mehr. Nur so viel: Meine Beziehung mit „Crispy" fand ein schnelles Ende, sobald ich nicht mehr zum Arbeiten nach Straubing pendelte. Das lag wohl in der Natur der Sache. Mein Leben fand nun von A bis Z in München statt. Wirklich geliebt hatte ich ihn irgendwie auch nicht, vielmehr war es eine Leidenschaft mit recht kurzer Halbwertszeit gewesen.

Wichtig zu erwähnen ist noch, dass ich mich wegen des Studiums auch an das BaföG-Amt gewendet habe, in der Hoffnung auf eine dringend notwendige Finanzspritze. Ohne Erfolg, meine Eltern verdienten dafür zu viel. Ein entscheidender Grund mehr, nebenbei diverse Jobs anzunehmen. Was dann geschah, rührte mich zu Tränen. Meine Mama, der ich von der BAföG-Pleite erzählt hatte und die schließlich erkannte, wie ernst es mir mit der Schauspielerei war und dass ich es mitsamt Jobs konsequent durchzog, stand mir plötzlich ungefragt zur Seite. Sie sprach mit meinem Papa und beide entschlossen sich, mich finanziell mit einem festen monatlichen Betrag zu unterstützen, quasi als Studiengeld. Es war genug, um einen Großteil meiner Miete für die WG-Wohnung zu bezahlen. Da blitzten ihre Liebe, ihr Respekt und der tolle Familiensinn voll auf. Das Geld haben sie nie zurück haben wollen.

Den nächsten Mann lernte ich im Jahr 1997 auf einem freiwilligen Sommerseminar der Schauspielschule kennen. Das Camp im Grünen war zunächst einmal sehr inspirierend und spannend, weil dort aktuelle und ehemalige Schauspielschüler zusammenkamen, um sich auszutauschen. Mit einem Ehemaligen verstand ich mich besonders gut. Während einer Nachtwanderung haben wir uns Hals über Kopf ineinander verliebt, was bei mir leider Gottes die Regel zu sein schien, wenn mir ein Mann gefiel.

Wie sich erst nach dem Seminar herausstellen sollte, handelte es sich bei Karl um den Spross einer Konzern-Dynastie. Ich Arbeiterkind, er Geldadel – grundsätzlich stellte das kein Problem für mich dar, ganz und gar nicht, es imponierte mir sogar. Seine Familie bewohnte ein palastartiges Haus bei Kitzbühel, illustre Künstler zählten zum Freundeskreis. Da tat sich mir wirklich eine ganz neue, spektakuläre Welt auf.

Eine schöne Anekdote gibt es im Zusammenhang mit den Salzburger Festspielen zu erzählen. Karl hat mich nicht nur dorthin mitgenommen, nein, er wollte außerdem, dass ich dort in grandioser Garderobe „bella figura" mache. Aus diesem Anlass waren wir im Verkaufsgeschäft einer Top-Designermarke in der Münchner Maximilianstraße verabredet. Ich fuhr damals schon Motorrad, kam auch auf einem solchen an und betrat lässig diesen snobistischen Konsumtempel – in löchrigen Jeans, ausgelatschten Turnschuhen und mit Motorradhelm unter dem Arm!

Während ich mich ziellos umsah, weil mein Begleiter noch nicht eingetroffen war, verfolgten mich die irritierten Blicke der Verkäuferinnen, bis eine mich schließlich ansprach:

»Kann ich Ihnen weiterhelfen?«

»Ich warte noch auf meinen Begleiter. Wir wollen hier einkaufen.«

Mit herablassendem Blick scannte sie mich von oben bis unten. »Könnten Sie das bitte draußen tun, Sie sind für unser Geschäft etwas unpassend gekleidet.«

Vor der Tür traf ich auf Karl, der sich für die Verspätung entschuldigte und bestens gelaunt mit dem Einkauf für mich loslegen wollte.

Ich fühlte mich immer noch, als hätte man mir Hausverbot erteilt.

»Ich geh da nicht rein, ich darf nicht. Die haben gesagt, ich bin unpassend gekleidet.«

»Wie bitte?!«, reagierte er unwirsch und betrat das Geschäft, wobei er mich zum Mitkommen aufforderte.

»Ja, grüß Sie, guten Morgen. Wie geht es Ihnen? Schön, dass Sie uns wieder mal beehren, Herr König. Wie geht es der Frau Mama? Ein Gläschen Champagner?«, säuselte ihm dieselbe Verkäuferin zuckersüß entgegen, die mich zuvor wie eine Aussätzige behandelt hatte.

»Stopp, stopp, stopp«, unterbrach er ihr Geschleime wenig galant. »Darf ich Ihnen meine Freundin vorstellen, die sich hier gerade eben nach einem Kleid für die Salzburger Festspiele umschauen wollte.«

Beeindruckend, wie gekonnt die Blamierte ihren Fauxpas überspielte und das aufgesetzte Lächeln durchhielt: »Ja, aber selbstverständlich. Nur ein Missverständnis, es tut uns leid.«

Damit wandte sie sich mir zu: »Das war überhaupt nicht so gemeint.«

Die verlogene Show widerte mich an. Entsprechend kühl und knapp fiel meine Antwort aus: »Passt schon, aus diesem Laden will ich nichts.«

Karl sah mich kurz an und legte dann nach: »Es tut mir leid, mich werden Sie so schnell auch nicht mehr begrüßen dürfen.«

Tolle Klamotten haben wir dann woanders gefunden.

Als ich mich in einem First-Class-Hotel in Salzburg wiederfand, verschluckte ich mich beinahe am ersten Champagner, was an den Preisen auf der Getränkekarte lag. Alter Schwede, es handelte sich wirklich um eine andere Welt!

Zurück in München, überhäufte er mich mit Aufmerksamkeiten, was mich aber immer weiter von ihm entfernte. So überließ er mir zum Beispiel des Öfteren seinen Luxuswagen, und er holte mich andauernd von Schauspielschule und Arbeit ab. Im Café, wo ich jobbte, steckte er mir spontan 800 DM zu, um damit zu bekräftigen, dass ich dort gar nicht arbeiten müsste. Aus Liebe wollte er mir mein ganzes Leben finanzieren. Nur widersprach das komplett meiner Natur. Ich arbeitete selbst für meinen Lebensunterhalt. Und scheiß auf Champagner und Kaviar, ich bevorzugte ohnehin Erdbeersekt und Käsebrote.

In dem Zusammenhang: Für den Bayerischen Filmpreis hatte ich mir einmal ein weißes Designerkleid mit Swarovski-Steinen aussuchen sollen – im Wert von 25.000 Euro! Daraufhin lehnte ich dankend ab. Ein Kleid zu tragen, welches ich mir selbst nicht würde leisten können, kam für mich nicht in Frage, nicht mal für einen einzigen Abend. Bei anderer Gelegenheit sollte ich ein Designer-Dirndl tragen, Kostenpunkt 5.000 Euro. Dazu hätte ich noch Bvlgari-Schmuck zur Schau gestellt, in Begleitung eines eigens abgestellten Leibwächters, damit mir das Geschmeide keiner vom Hals riss. Nein danke, definitiv nichts für mich!

Aber damit zurück zu Karl. Der Höhepunkt der Dekadenz war ein Kurztrip von jetzt auf gleich. An einem Samstag fing er mich überraschend vor meiner Arbeit ab, um sogleich mit der vermeintlich frohen Botschaft aufzutrumpfen. Mir behagte das gar nicht, und ich argumentierte mit dem Dienstplan am Wochenende. Doch was hatte er längst getan: für grünes Licht bei meinem Chef gesorgt! Außerdem gab er mir den Gegenwert für den entgehenden Verdienst-ausfall cash auf die Hand. - Im Premium-Cabriolet ging es mal eben bis nach Venedig. Abgestiegen sind wir in einem der besten Hotels der Lagunenstadt. Als Nächstes wurde ich in „Harry's Bar" geschleppt, legendär seit den 1930er-Jahren, nicht zuletzt wegen des sündhaft teuren Bellini-Cocktails. Von morgens bis abends Alkohol in allen edlen Variationen, bis es einem sprichwörtlich zu den Ohren rauskam. Der Abstecher nach Venedig turnte mich komplett ab. Daran konnte selbst die obligatorische Gondelfahrt vor malerischer Kulisse nichts ändern.

Was dieser Mann in nur zwei Tagen an Geld verbrannt hat, dafür mussten andere ein halbes Jahr lang hart schuften. Die Vorstellung gefiel mir überhaupt nicht, das war ich einfach nicht. Zudem kam es mir vor, als würde Karl mir einen Knebelvertrag schmackhaft machen wollen, denn vor allem sollte ich keine anderen Männer treffen und kennenlernen. Nur ihm sollte ich gehören. Ungefragt kaufte er mir sogar ein sündhaft teures Handy, um seinen Kontrollzwang zu befriedigen. Ich nahm es nicht an. Weder war ich käuflich, noch ließ ich mich zu seinem Eigentum machen. Die anfängliche Verliebtheit ist mir mehr und mehr abhandengekommen. Der glänzende Lack war ab. Ich lechzte nach einem starken souveränen Mann, nicht nach einem, der mir andauernd eifersüchtig hinterherspionierte oder weinend vor mir auf die Knie ging, weil ich die Beziehung beenden wollte. Für mich gehörte Karl in die Kategorie „gepamperter Warmduscher", was so ziemlich das Letzte war, das ich von einem Mann erwartete. Am Ende fühlte ich mich von seiner Dekadenz und Besessenheit nur noch abgestoßen und angeekelt, was ich ihm auch genau so sagte. Nicht gerade feinfühlig, wohl wahr, doch anders hätte er es mit Sicherheit nie begriffen.

Samstags ist die Kollegenschaft aus dem Café häufig in den angesagten Münchner Club P1 gepilgert, um dort noch einen Absacker zu nehmen und die Münchner Prominenz zu beäugen – Spieler vom FC Bayern München zum Beispiel. Für mich kam das aus verschiedenen Gründen nicht in Frage. Erstens schob ich an Samstagen nicht selten Doppelschichten bis in die Nacht, zweitens hatte ich die anspruchsvolle Schauspielschule zu stemmen, drittens kamen prominente Leute genauso gut jeden Tag zu uns ins Café – ja, und viertens wollte ich einen Teufel tun und mein hart erarbeitetes Trinkgeld für die völlig überzogenen Getränkepreise des „P1" rausschmeißen. Bei 12 DM für eine mickrige Flasche Bier hätte mir dieses ganz sicher nicht geschmeckt.

Nur einmal bin ich nicht drumherum gekommen, als eine Kollegin Geburtstag hatte und mich unbedingt einladen wollte. Ich stand gerade alleine am Tresen dieses Hochglanz-Tanzclubs und beobachtete das ganze Spektakel mehr neugierig als begeistert, als ein süßer Typ vorbeikam und sich als „Ben" vorstellte. Ich antwortete mit einem freundlichen »Hi«, worauf er nach meiner Handynummer fragte.

»Witzbold, ich habe gar kein Handy.«

Er hielt das offensichtlich für einen Scherz und wollte partout meine Nummer. Es schien, als war ich im Herbst des Jahres 1997 ohne Handy schon eine aussterbende Gattung. Mehr als einen Pieper hatte ich nicht zu bieten. Nun, dann war es halt so, ich konnte mir schlecht ein Handy herbeizaubern. Aber wenn er so dringend eine Nummer brauchte:

»39 – 172 – 90 – 75b«, tat ich ihm den Gefallen.

Der gute Ben schaute ziemlich verdattert aus der Wäsche und wollte wissen, was es damit auf sich hatte.

»Schuhgröße, Körpergröße, Brustumfang, Körbchengröße.«

Daraufhin hat er sich vor Lachen nicht mehr eingekriegt. Tja, so lernte ich den Uschi-Glas-Sohn Benjamin Tewaag kennen. Ich mochte ihn auf Anhieb. Er war süß, frech und spannend – einfach klasse. Als Ben mich ins Kino einlud, waren vor Ort zwei Karten auf den Namen Benjamin Tewaag reserviert. Weder konnte ich mit dem Familiennamen etwas anfangen, noch hatte er mir gegenüber erwähnt, wer seine Eltern waren. Das blieb auch so, bis er mich ihnen vorstellen wollte. Also fuhren wir hin, und als die Haustür geöffnet wurde, stand die Schauspielerin Uschi

Glas vor mir. Jetzt, wo Mutter und Sohn direkt nebeneinander standen, erkannte ich auch die Ähnlichkeit. Es war ein Grund mehr, mich in Ben zu verlieben. Nein, nicht wegen seiner prominenten Mutter, ganz im Gegenteil, weil er gerade nicht damit hausieren gegangen war, aus welchem „Stall“ er kam. Das beschäftigte ihn so sehr, dass er mich eindringlich gefragt hat, ob ich ihn trotzdem lieben könne.

»Ich bin ja nicht mit deiner Mutter zusammen, sondern mit dir«, war alles, was ich dazu zu sagen hatte.

Benjamin Tewaag wurde meine zweite große Liebe, die bis ins Jahr 2001 hielt. Wir zogen zusammen und waren uns selbst genug. Gemeinsam lebten wir unspektakuläre, pure Harmonie. Ich erinnere mich noch immer gerne daran, wie wir zu Hause am liebsten Raclette-Essen auf der Couch vor dem Fernseher zelebriert haben, weil Kochkünste und Kochlust doch sehr zu wünschen übrig ließen. Was uns außerdem verband, war eine fehlende Nestwärme des Elternhauses, wenn auch aus unterschiedlichen Gründen. Bei seinen Eltern hatte die Karriere im Vordergrund gestanden, bei meinen die Alltagssorgen. Bei mir konnte Ben ganz er selbst sein, musste sich nicht hinter einer aufgesetzten Maske verstecken. Gegenseitig gaben wir uns die Wärme, die uns gefehlt hatte. Er war ein richtiger Kerl mit Ecken und Kanten, daneben aber auch sensibel und zärtlich – eigentlich wie für mich gemacht.

Letztlich ist unsere Beziehung dann doch an der arg unterschiedlichen Lebensgeschichte gescheitert. Ich wusste, was es hieß, arm zu sein, so gut wie nichts zu besitzen, sich durchzubeißen. Aus diesem Grund war ich ausgesprochen sparsam, hielt mein Geld zusammen. Verschwendung war mir auch bei anderen suspekt, es gab mir ein schlechtes Gefühl. Da lag das Hauptproblem. Ben hatte zu Geld überhaupt keinen Bezug. Wann immer er es gebraucht hatte, waren seine Eltern zur Stelle gewesen. Wohl nie hatte er sich dafür abstrampeln müssen. Einmal hat er mir mal eben ein Motorrad geschenkt, ein junger Mann, einfach aus Liebe. Oder er hat vor dem Haus im absoluten Halteverbot geparkt. Wenn ich ihn darauf aufmerksam gemacht habe, dass er deshalb todsicher abgeschleppt werden würde, winkte er nur lapidar ab, dass ihm das völlig egal sei. - Natürlich war seine Liebe echt und er großzügig. Klar habe ich es zu schätzen gewusst, diese Liebe ehrlich erwidert, und ganz sicher wollte ich nicht undankbar erscheinen. Dennoch nagte der in meinen Augen verschwenderische Lebensstil an mir, machte mich wahnsinnig. Es wurde zu unserem großen Zankapfel neben seinem Wunsch, ich solle nicht weiter als Bedienung im Café arbeiten. Das war mit mir jedoch nicht zu machen, wie er nicht als Erster feststellen musste. Ich wollte weiterhin eigenes Geld verdienen und mir meine finanzielle Unabhängigkeit bewahren, ob nun als Schauspielerin oder sonst wie. Zwei zu große Zankapfel, um auf Dauer gutzugehen. Beide konnten wir nicht aus unserer Haut. Im Jahr 2001 haben wir uns, wie gesagt, getrennt. Nach wie vor verstehen wir uns sehr gut, stehen in freundschaftlichem Kontakt, wieso auch nicht.

Noch während meiner Schauspielausbildung war es Uschi Glas, die mir erste wichtige Schritte in die Schauspielerei in Form von Rollenangeboten geebnet hat. Ich erhielt sogar eine feste Rolle in ihrer Familienserie „Sylvia – Eine Klasse für sich" als Lehrerin Susanna. Auch mit wertvollen Tipps war sie nicht kleinlich, hat mir Klamotten geschenkt, mich ein Stück weit unter ihre Fittiche genommen. Ich habe ihr diesbezüglich viel zu verdanken. Und das, obwohl mir ihr damaliger Ehemann, der Filmproduzent Bernd Tewaag, von seinem Wesen her näher war. Uschi Glas war freundlich und hilfsbereit, da gab es nichts, aber halt immer auch ein wenig unterkühlt, ohne ihr das vorwerfen zu wollen. Für sie war es auch selbstverständlich, gemeinsam mit Ben der Abschlusszeremonie am „Schauspiel München" und damit meinem bis dahin größten persönlichen Erfolg beizuwohnen – eine wundervolle Geste.

Was Rollenangebote während meiner Schauspielausbildung betraf, da machte ich auch schnell meine erste traumatische Erfahrung mit der berühmt- berüchtigten „Besetzungscouch". Alles begann mit einem entspannten Abendessen unter vier Augen im Restaurant, nur ein Produzent und ich. Im Mittelpunkt stand die Besprechung zu einer Rolle, für die er mich besetzen wollte. Daneben war nur netter, belangloser Smalltalk angesagt. Alles in allem schien es ein erfreulicher Abend für mich zu werden. Jedenfalls bis er mich noch heimfahren wollte und unterwegs auf einem verlassenen Parkplatz anhielt.

»So, jetzt musst du dir deine Rolle nur noch verdienen.«

Daraufhin nestelte dieser Produzent mit durchaus bekanntem Namen an seiner Hose. »Komm, blas mir einen.«

Die sexuelle Nötigung erwischte mich völlig unerwartet, nachdem er sich bis dahin korrekt verhalten hatte. Ich war entsetzt: »Was mach ich jetzt?!«

Seine Stimme klang so sachlich und bestimmt, als hätte ich das Kleingedruckte in einem Vertrag übersehen: »Was ist los, kennst du das nicht? Ist doch völlig normal. Ich gehe doch nicht mit dir essen und biete dir eine Chance, ohne ein Happy End für mich zu erwarten.«

»Sorry, nein!«

Erst sah er mich prüfend, dann abschätzig an und zog sich den Reißverschluss wieder zu. »Okay, vergessen wir's. Vergessen wir den Abend heute, den Vertrag und du die Rolle.«

Ich bin heulend aus dem Auto gestiegen und weggerannt, bloß weg von dem Widerling. Später sollte mir meine Arbeit als Schauspielerin noch mehr solcher männlichen Entgleisungen bescheren. Einmal sogar im Doppelpack, als mich sowohl der Regisseur als auch der allseits ach so beliebte Hauptdarsteller befummelt haben. Nachdem ich mir das in beiden Fällen ausdrücklich verbeten hatte, wurde meine Rolle bei nächster Gelegenheit kurzerhand aus der Serie gestrichen.

Da lädt mich der Hauptdarsteller in seinen Trailer ein, um mit ihm gemeinsam Kreuzworträtsel zu lösen, und fasst mir dort urplötzlich zwischen die Beine!

War die gutgläubige Naivität einer jungen Frau vielleicht ein Freibrief?!

Den Regisseur, der sich keinen Deut besser verhalten hatte, habe ich sogar noch empört gefragt, was wohl seine Ehefrau von dieser Form der sexuellen Belästigung halten würde, welche ich persönlich kannte und schätzte. Trotz sexueller Belästigung und Jobverlust habe ich diskret geschwiegen, um keine Familienkrise loszutreten.

Oh ja, zu dem MeToo-Thema in der Filmbranche könnte ich so einiges beisteuern. Nicht zuletzt, dass ich als Schauspielerin problemlos noch viel weiter hätte kommen können, so wie andere Kolleginnen, die das „Besetzungsspiel" mitgemacht haben, sich teilweise sogar regelrecht zum Vernaschen in Szene gesetzt haben – alles der Karriere wegen. So leid es mir tut, aber auch das gehört zur unbequemen Wahrheit rund um „MeToo" dazu.

Die Liebesbeziehung mit Benjamin Tewaag brachte auch die ersten Schritte auf dem „Roten Teppich" mit sich. Eine lustige Begebenheit ereignete sich im Januar 1998 während des Deutschen Filmballs im Bayerischen Hof in München. Ich trug ein wunderschönes Kleid, das mir der Modedesigner Otto Kern zur Verfügung gestellt hatte. Als wir beide nun feierlich vorfuhren und aus der schwarzen Limousine ausstiegen, warteten vor dem Haupteingang – wie zu solchen Anlässen üblich – bereits Medienvertreter und Blitzlichtgewitter. Uns trennten nur noch wenige Meter roter Teppich, als mein überlanges Abendkleid mich dazu brachte, den Stoff etwas anzuheben, um nur nicht zu stolpern. In diesem Augenblick ereilte mich das wohl schrecklichste Déjà-vu-Erlebnis meines Lebens:

»Scheiße, Ben, ich hab noch meine Hausschuhe an!«

Ich sah schon die Schlagzeile vor mir: Doreen Dietel in Hausschuhen zum Deutschen Filmball! - Das hätte mich zur Lachnummer der Nation gemacht. Peinlicher ging es kaum, dachte wohl auch Ben und begann zu fluchen. Vor uns hörten wir schon die ersten Medienleute unsere Namen rufen.

Jetzt war ein schneller taktischer Rückzug vonnöten. Wie rettende Engel tauchten Mario und Monique Adorf hinter uns auf, die Benjamin Tewaag und vor allem dessen Mutter Uschi Glas schon seit vielen Jahren kannten. Monique Adorf begann in einer wilden Mischung aus Französisch und Deutsch auf mich einzureden. Es lief darauf hinaus, dass Ben und Mario ihren offiziellen Weg Richtung Haupteingang fortsetzten, während Monique mich durch einen Seiteneingang bis zu sich ins Hotelzimmer lotste, wo sie mir ein Paar ihrer Schuhe lieh. So lieb ich sie für diese Geste auch hatte, aber ihre Schuhgröße 42 im Verhältnis zu meiner 39 hätte mir definitiv Probleme bereitet. Da saßen wir also beide auf dem Hotelbett – zwei Frauen mit reichlich Humor und Spontanität – und stopften das auserkorene Paar eleganter Schuhe mit allem Möglichen aus, bis es optimal passte. Ich war ihr so dankbar und hatte ein dermaßen schlechtes Gewissen, dass ich meiner Retterin den ganzen Abend nicht mehr von der Seite gewichen bin, obwohl diese fast ausschließlich auf Französisch parlierte und mich unermüdlich „zugetextet" hat. Echt lustig, wo ich des Französischen doch in etwa so mächtig bin wie des Sumerischen.

Später am Abend gingen wir dann zu viert auf ihr Zimmer, wo Mario Adorf mit seiner sonoren Stimme aus einem Buch vorlas – ein einzigartiges Erlebnis. Überhaupt sind er und seine Monique ganz wundervolle Menschen. Als Ben davon erzählte, dass ich angehende Schauspielerin sei, kommentierte Mario das auf seine ganz unnachahmliche Weise. Ich hätte eine richtig schön amerikanische Fresse, könne vielleicht in Deutschland noch keine großen Rollen bekommen, in Frankreich würden sie mich für mein Aussehen dafür umso mehr lieben. Dann orakelte er noch, dass meine Karriere mit 50 so richtig losgehen würde.

Am „Schauspiel München" blieb ich fokussiert am Ball. Doch so viel ich auch lernen konnte, manche Lehrmethoden fand ich schlichtweg lächerlich. Zum Beispiel sollten wir Dinge wie den Regen oder auch Kaffee mit allen Sinnen wahrnehmen und genau beschreiben, was wir dabei spürten und wie genau wir es spürten. Da dachte ich dann schon, ich wäre im falschen Film gelandet und habe mir dazu irgendwas aus den Fingern gesogen. In etwa wie bei einem Orgasmus, der in Wahrheit gar keiner ist. Bei der sogenannten Tierübung – man sollte sich irgendein Tier aussuchen und dieses nachahmen – bin ich halb gelangweilt, halb übermüdet am Boden eingeschlafen. Als der Dozent kritisch feststellte, er hätte das Tier nicht erkannt, erklärte ich spontan:

»Das war ein toter Frosch im Autoreifen.«

Auf die Antwort hin wäre ich beinahe der Schule verwiesen worden. Viel Spielraum für schnippische Kommentare und Disziplinlosigkeit gab es weiß Gott nicht. Dreimal zu spät kommen und man durfte seine Koffer packen. Dieser Umstand genauso wie der hohe Qualitätsanspruch und das zu leistende Pensum sorgten dafür, dass von 23 Schülern zu Beginn am Ende nur noch 12 übriggeblieben sind. Ich schaffte einen guten Abschluss, weil ich alles in allem in Bereichen wie Literaturgeschichte, Rollenstudium, Improvisation oder auch in der Kampfkunst Aikido aufgegangen bin.

Als Theaterschauspielerin habe ich mich nicht gesehen, weder davor noch während dieser drei Jahre oder danach. Mit der geforderten Theatralik auf der Bühne, die in Gestik, Mimik und Sprache nach meinem Geschmack viel zu überzeichnet war, konnte ich mich nicht anfreunden. Ich bevorzugte von Anfang an das Spiel vor der Kamera mit einem wohlgesetzten Underacting.

Ansonsten muss ich im Vergleich zu den anderen Schülern wie ein Aschenputtel gewirkt haben, ohne eigenes Auto und so ziemlich als Letzte ohne Handy. Als die Reinigungskraft krank wurde, übernahm ich spontan und bis zum Schluss das Putzen der Schulräume und Gänge, zweimal die Woche – zusätzlich zum Job im Café. Gemocht und respektiert wurde ich trotzdem, überzeugte durch Leistung, war natürlich und avancierte darüber hinaus zu so einer Art Klassenclown.

Während meiner Zeit an der Schauspielschule habe ich so viel erlebt, dass das alleine schon für ein Buch gereicht hätte, sofern ich auf alle Details intensiv hätte eingehen wollen. Als fertige Schauspielerin sollte ich noch über 18 Jahre in verschiedenen TV-Spielfilmen, TV-Serien sowie zwei Kinofilmen zu sehen sein.

Eine Topadresse unter
den Schwabinger Cafés

Jetzt möchte ich eingehender auf das Schwabinger Café zu sprechen kommen, welches mich in der Anfangszeit meiner Schauspielausbildung so sehr reizte. Es strahlte schicke Eleganz aus, Exklusivität. Genau dort wollte ich einen Job als Bedienung – unbedingt! Nur leider wollten die Verantwortlichen mich nicht, jedenfalls ließen diese mich abblitzen. Das wurmte mich dermaßen, dass ich noch ein weiteres Mal auftauchte:

»Könnt Ihr wirklich keine weibliche Bedienung mit Erfahrung gebrauchen?«

Anerkennend bescheinigte mir der Chef daraufhin eine gehörige Portion Sturheit. Als dann noch das Telefon klingelt und eine Angestellte sich aufgrund eines lädierten Fingers krankmeldete, hieß es:

»Wann kannst du anfangen?«

»Von mir aus sofort«, antwortete ich begeistert und sammelte damit gleich den nächsten Pluspunkt.

»Okay, ich stell dich zur Probe ein. Willkommen an Bord.«

Im Nachhinein stellte sich heraus, dass es sich gleich um zwei attraktive Chefs handelte, die das Sagen hatten, gepaart mit dem gelegentlichen Drang, das weibliche Personal zu vernaschen. Offenbar passte ich in ihr Beuteschema – süß, frech, langbeinig und mit blondierten Haaren – aber sie wollten nicht wieder der Versuchung ausgesetzt sein. Genau aus diesem Grund war ich bei meinem ersten Versuch abgeblitzt. Aber was soll ich sagen, zwischen uns passte es dann wie Arsch auf Eimer! Beide Chefs schlossen mich richtig ins Herz und benahmen sich durchweg wie Gentleman, wurden nie übergriffig. Sie unterstützten mich sogar dabei, eine eigene Wohnung zu ergattern. Ganz uneigennützig war das nicht, ich entpuppte mich nämlich als bestes Pferd im Stall, bediente deshalb auch an den einträglichsten Tischen und erhielt besonders an den Wochenenden üppiges Trinkgeld. Es war Pflicht, etwas davon den Jungs an der Bar abzutreten. Darüber hinaus betrachtete ich es als Selbstverständlichkeit, auch mit dem Küchenpersonal zu teilen. Schließlich hätte ich ohne gute Speisen auch als Bedienung keine so vorteilhafte Figur machen können. Ich war überzeugter Teamplayer, ohne Wenn und Aber. Der cholerische Küchenchef, vor dem die übrige Kollegschaft regelrecht Angst hatte, rechnete mir das sehr hoch an. Nur mir wurden alle Sonderwünsche der Gäste ohne Murren zugestanden. Und mehr noch: Ich musste nie groß Essen einkaufen, sondern staubte unter den Augen des wohlwollenden „Paten" in der Küche ausreichend ab. Alleine das, was von den servierten Frühstücksplatten unangetastet zurückgegangen ist – man mag es kaum glauben.

In diesem Café ging alles ein und aus, was Rang und Namen hatte, die Münchener Schickeria genauso wie der internationale Jetset. Die Meisten kannte ich gar nicht und ging entsprechend unbedarft und locker mit ihnen um. Aber, selbst wenn wäre es für mich nicht groß anders gewesen. Ich machte und mache bis heute keinen gesellschaftlichen Unterschied zwischen Menschen, das war nie meine Art. Wie auch immer, dieses Auftreten trug zweifellos zu meinem Erfolg bei.

Einmal habe ich sogar Brad Pitt bedient, ohne ihn zu erkennen. Ein anderes Mal war eine Kollegin ganz aufgeregt, weil gerade der Top-Fußballer Michael Ballack das Café betreten hatte.

»Wer ist denn Ballack?«, wollte ich daraufhin beiläufig wissen.

Ja, was das anging, war ich wirklich noch die Unschuld vom Lande. - Bruno Eyron hat dort gerne seine Drehbuchtexte gelesen, Nadeshda Brennicke ist regelmäßig ein und aus gegangen, war dabei immer nett und unkompliziert, genau wie Heike Makatsch.

Besonders ins Herz geschlossen hat mich Marianne Sägebrecht, die zu der Zeit ja schon in Hollywood durchgestartet war – unter anderem mit der Tragikomödie „Der Rosenkrieg" neben Michael Douglas und Kathleen Turner. Mini-Frühlingsrollen süß-sauer und Campari Orange hat sie jedes Mal bei mir bestellt.

Sehr speziell war Sylvia Leifheit. Auch sympathisch, aber nach meinem Empfinden durchaus mit leichten Diva-Allüren und dem Hang, mit ihrer Arbeit als Schauspielerin zu kokettieren. Extrawünsche waren ihr Ding. Sie bevorzugte grundsätzlich den größten verfügbaren Tisch, der Obstsalat musste speziell mit ihr genehmen Obstsorten angerichtet sein und die Spiegeleier ohne Eigelb serviert werden. Des Öfteren bat sie mich auch, im Büro Kopien von diesem oder jenem zu machen.

Jahre später spielten wir dann beide in „Der Pfundskerl" mit und trafen uns zufällig auf dem Abschlussfest. Auf ihre Bemerkung hin, dass sie mich von irgendwoher kennen würde, sorgte ich für Klarheit:

»Ja, ich war die blonde Bedienung in deinem Stammcafé. Du hast dir deine Szenen von mir ausdrucken lassen und wolltest dein Spiegelei ohne Eigelb haben.«

Zunächst war ihre Reaktion vor allem Sprachlosigkeit. Aber so ist das halt, man trifft sich immer zweimal im Leben. Diese wichtige Lebensregel sollte man nie unterschätzen. Mir fiel es nach wie vor leicht, Sylvia Leifheit zu mögen. Es ist eine schöne Begegnung gewesen.

In Rekordgeschwindigkeit fühlte ich mich an diesem illustren Ort goldrichtig, beschützt und wertgeschätzt. Ich möchte das an einem konkreten Beispiel festmachen:

Ein Gast im fortgeschrittenen Alter hatte offensichtlich einen Narren an mir gefressen, denn seine Blicke zogen mich förmlich aus. Als ich ihm den bestellten Eisbecher an den Tisch brachte, schockierte er mich mit dem Spruch:

»Ich weiß gar nicht, was ich lieber lecken möchte, dich oder das Eis.«

Daraufhin kippte ich ihm den Inhalt des Eisbechers reflexartig über den Kopf.

Abgekühlt hat ihn das nicht gerade, im Gegenteil, empört schrie er das ganze Café zusammen. Als beide Chefs auf der Szene erschienen und sich auch meine Version anhörten, war ihr Urteil einstimmig und knallhart: sofortiges Hausverbot für diesen „ehrenwerten" Gast ohne Manieren und Respekt!

Auch ich leistete mir dort den einen oder anderen Schnitzer, wie zum Beispiel den, dass ich die Schauspielerin Gaby Dohm aus Versehen mit ihrem Rollennamen aus der „Schwarzwaldklinik" angesprochen habe: Frau Brinkmann! - Sie hat darauf so unleidlich und unversöhnlich reagiert, dass ich ihr nur noch aus dem Weg gegangen bin.

Es ging aber noch deutlich heftiger.

Zum Beispiel gab es einen gelegentlichen Gast, der sich dadurch auszeichnete, andauernd penetrante Fragen zu stellen.

»Welche Sorte Kakao ist das denn? Ich will nicht hoffen Nesquik oder Kaba.«

Ein anderes Mal wollte er allen Ernstes wissen, wie groß unsere Croissants waren – und das auf den Millimeter genau.

Keine Ahnung, ob er sich einen Spaß daraus machte, ob er mich nur provozieren wollte oder es sich womöglich um die Auswirkung einer psychischen Erkrankung handelte. Egal was, eines Tages riss mir der Geduldsfaden:

»Weißt du was, fick dich.«

Gefühlt löste ich damit ein mittleres Erdbeben aus: »Was?! Das lass ich mir nicht bieten! Wo ist der Chef?!« Der kam, fragte nach und musste sich anhören: »Die Kleine hat ‚fick dich‘ zu mir gesagt, eine Unverschämtheit!«

Sofort gab ich die Unschuld vom Lande, eine Rolle, die ich aus Erfahrung ja perfekt beherrschte: »Ich habe nur ‚stimmt nicht‘ zu ihm gesagt. Keine Ahnung, warum er was anderes verstanden hat.«

An eine bestimmte Hochzeitsgesellschaft erinnere ich mich nur höchst ungern. Die Braut hat noch immer ihr wunderschönes weißes Brautkleid getragen, als sie vor mir den Gang entlanglief. Ich wiederum, gerade unkonzentriert, brachte eine Flasche Balsamico-Essig auf dem mitgeführten Tablett zum Umkippen. Als dunkle Spritzer augenblicklich die Rückansicht des Kleides „verzierten" – und das nicht zu knapp – machte ich auf dem Absatz kehrt und mich aus dem Staub, wobei ich mich noch schnellstmöglich der Essigflasche entledigte.

In dem allgemeinen Durcheinander blieb der direkte Zusammenhang zwischen mir und dem versauten Kleid in ehemals makellosem Weiß unentdeckt. Wenig später war das Heulen und Kreischen der Braut zu hören – ein Drama.

Eine Slapstick-Einlage ganz anderer Art verhalf mir seinerzeit zu meinem neuen Zahnarzt. Wie damals noch üblich wollte ich den vollen Aschenbecher gegen einen noch jungfräulichen austauschen. Dabei brachte ich es fertig, den gesamten staubigen Inhalt auf den Hosenstall des Herrn am Tisch zu schütten – unabsichtlich selbstverständlich! Ein Tuch hatte ich dabei, also machte ich mich schockiert und entschuldigend daran, das Malheur bestmöglich zu beseitigen. Der Gast ließ mich gewähren, sah mich währenddessen aber mit großen Augen an.

»Es tut mir schrecklich leid, aber was soll ich denn machen, irgendwie muss ich das doch sauber kriegen«, fühlte ich mich zu einer Erklärung genötigt, ohne aufzuhören.

»Alles gut, machen Sie nur«, sagte er ruhig und überreichte mir anschließend seine Visitenkarte.

Darauf stand unter anderem Zahnarzt, was mich sofort begeisterte: »Ja, sehr gut, mir ist heute früh ein Stück Zahn abgebrochen.«

Ich bin seine Patientin geworden. Wie das Schicksal so spielt.

Einmal wurde in besagtem Café eine Szene mit Jan Josef Liefers – ein klasse Typ – und Christiane Hörbiger – was für eine grandiose Schauspielerin aber auch „Schnippdistel", wie der Sachse sagt – für die Komödie „Busenfreunde 2 – Alles wird gut!" gedreht. Währenddessen bediente ich munter weiter und Liefers fragte mich spontan, ob ich nicht Lust hätte, als Statistin – natürlich eine Bedienung – mit dabei zu sein. Mein Auftritt schien dem Drehteam gut zu gefallen, jedenfalls traute man mir daraufhin sogar Text zu – ein paar Worte nur, aber immerhin. Genau genommen habe ich mein Filmdebüt mit Miniatur-Sprechrolle also in dieser 1998 erschienenen Komödie gegeben. Davon, dass ich gerade eine Ausbildung am „Schauspiel München" absolvierte, habe ich denen nichts erzählt.

Dieser Job in Schwabing wurde über Jahre zum Dreh- und Angelpunkt meines Lebens, noch über den erfolgreichen Abschluss meiner Schauspielausbildung im Jahr 1999 hinaus. Auch einige meiner Männer habe ich dort kennengelernt.

Eine Katastrophe
jagt die nächste

Kurz nach der Beziehung mit Benjamin Tewaag hatte ich das zweifellos peinlichste Erlebnis meines Lebens. Nach einem wundervollen One-Night-Stand – aus dem an sich gut und gerne mehr hätte werden können – verabschiedete sich mein Partner frühmorgens mit einem Kuss und den Worten:

»Süße, ich muss zur Arbeit, aber du kannst ruhig noch liegenbleiben. Zieh einfach die Tür zu, wenn du gehst.«

Also schlief ich weiter, bis mich das „große Geschäft" rief. Ich war damit fertig und wollte spülen – kein Wasser! Nicht im Spülkasten, nicht aus den Wasserhähnen, in der ganzen Wohnung war nicht ein Tropfen zu holen. Offenbar war das Wasser im ganzen Haus abgestellt worden. Was nun, ich konnte ihm nach einer rundherum gelungenen Nacht doch wohl schlecht ein stattliches Häufchen hinterlassen? Mir fiel ein, wie Hundebesitzer – zumindest die zivilisierten unter ihnen – die Hinterlassenschaft ihrer Vierbeiner entsorgten. In der Küche ging ich auf die Suche und fand Gefrierbeutel. Ich will jetzt nicht in die Details gehen, doch es war mir möglich, mein „großes Geschäft" umzubetten und luftdicht zu verschließen. Ich würde das Ganze einfach irgendwo auf der Straße loswerden. Erst mal hieß es aber mich anzuziehen und mein Zeug zusammenzusuchen. Ich hatte die Wohnungstür gerade hinter mir zugezogen, da schoss es mir siedend heiß durch den Kopf: Der prall gefüllte

Gefrierbeutel lag noch immer auf dem Küchentisch! - Ich brauche wohl nicht zu erwähnen, dass es kein weiteres Telefonat oder Date gegeben hat. Meine Wenigkeit war blamiert bis auf die Knochen, unfähig, diesem Mann das zu erklären oder ihm je wieder unter die Augen zu treten. Er wiederum muss gedacht haben, bei mir handele es sich um eine Freigängerin aus der geschlossenen Anstalt.

Kurz darauf lernte ich den Schauspieler und Sohn von Friedrich von Thun, Max von Thun kennen – im Café in Schwabing, wo ich noch immer nebenher arbeitete – der mich von Anfang an warnte. Er wäre wie ein Rockstar, und ich solle nie erwarten, dass er treu und liebevoll sei.

Ich habe mich trotzdem in ihn verliebt, hatte eben diese latent lauernde Schwäche für Männer mit dominant rücksichtsloser Piratenmentalität, welche ich völlig unbedacht ausleben wollte. Also hob ich Max geradezu auf einen schillernd glänzenden Sockel. Meine Schuld, oft genug wiederholt hat er seine Warnung während der gemeinsamen Jahre ja.

Sein bevorzugtes Spiel der Demütigung bestand darin, mich als dumm und unwissend herunterzuputzen. Dabei arbeitete er sich an meinen fehlenden Fremdsprachenkenntnissen ab oder dass ich irgendwelche internationalen Filmproduzenten nicht kannte. Gerne machte er sich auch darüber lustig, was ich denn für einen Scheiß drehen würde, ich solle lieber mein Abitur nachholen. Nichts an mir war ihm gut genug. Selbstredend musste immer alles zu seinen Bedingungen laufen – wann ich ihn sehen durfte, wann und wo er mich sehen wollte, wie wir miteinander schliefen.

Doch bei all dem ging es nicht wirklich um meine Projekte, meine Makel oder um die Lust, mich zu beherrschen, denke ich. Nein, Max versuchte auf die Art, seine eigenen inneren Dämonen zu besänftigen, davon bin ich längst überzeugt. In seinem Leben ist ihm alles viel zu leicht gemacht worden, was zu einem zerstörerischen, weil völlig überzogenen Ego ohne Empathie führen kann. Ich war wohl nur der willige Fußabtreter, an dem er seine eigene Unzulänglichkeit loszuwerden versuchte. Leider verstand ich es damals nicht. Je mehr er mich schikanierte, desto höriger wurde ich. Beide waren wir in einer Negativspirale gefangen. Es drohte, mich zugrunde zu richten, machte aus mir wieder ein seelisches Wrack ohne Selbstwertgefühl, genau wie damals im Notaufnahmelager in Herzberg am Harz.

Erst Ende des Jahres 2004 fand ich schließlich die Kraft, einen Schlussstrich unter diese fatale, gegenseitige Liebe zu ziehen. Wie nicht anders zu erwarten, hat er mich erst nicht ernst genommen. Aber ich flog zum Dreh eines „Tatort" nach Berlin, ohne ihn in den darauffolgenden Tagen zu vermissen. Zwar blieb ich standhaft und kehrte nicht mehr zu ihm zurück, doch waren mir der unterschwellig nagende Minderwertigkeitskomplex und ein vorübergehend einsetzender Trennungsschmerz geblieben.

Danach hatten wir uns bis auf oberflächliche Begrüßungen, wenn man sich bei der einen oder anderen Gelegenheit über den Weg gelaufen ist, nichts mehr zu sagen – und das darf auch gerne so bleiben. Weder hasse ich Max von Thun, noch trage ich ihm etwas nach. Damals war ich erwachsen und mit einem freien Willen gesegnet gewesen, den ich über annähernd vier Jahre selber über

Bord geworfen habe. Auch daran bin ich – wenn auch erst viel später – gewachsen.

Sich minderwertig zu fühlen, kann schnell zum denkbar schlechtesten Berater werden, wenn sich die Gelegenheit dazu ergibt. Diese präsentierte sich seinerzeit in Gestalt einer sogenannten Botox-Party beziehungsweise eines Schönheitschirurgen. Zurück vom Dreh in Berlin, schleppte mich eine Münchener WG-Mitbewohnerin dorthin, um auf andere Gedanken zu kommen, wie sie sagte. Und jener „Schönheitsexperte" setzte mir auch gleich einen Floh ins Ohr:

»Und, was soll's bei dir sein?«

Ich lehnte reflexartig ab: »Nee, nee, ich will nichts. Ich bin nur so mitgekommen.«

»Du könntest aber schon was gebrauchen.«

»Nee, wirklich nicht«, reagierte ich alles andere als amüsiert.

»Ein wunderschönes Gesicht. Aber deine Oberlippe passt überhaupt nicht zur Unterlippe«, stellte er unbeirrt fest. »Dagegen können wir was machen.«

»Was?! Nein danke.« Aus mir sprach eine Mischung aus verletztem Stolz und Verunsicherung.

An dem Tag ließ ich mich nicht darauf ein, mir die Oberlippe aufspritzen zu lassen. Spritzen, die auf dem Tisch bereitlagen, um auf die Schnelle zum Einsatz zu kommen, fand ich zu befremdlich. Das gesellige Beisammensein inklusive Prosecco hatte was von „Tupperparty", nur dass aktuell das Verabreichen von Nervengift im Mittelpunkt stand.

Doch anstatt auf meinen Instinkt zu hören und das absurde Treiben gleich abzuhaken, ließ mich der Gedanke daran nicht mehr los. Meine verdammte Leichtgläubigkeit kam mal wieder unter ihrem Stein hervorgekrochen. Wenn ich schon dumm und unwissend war, wie Max mir immer vorgeworfen hatte, dann wollte ich wenigstens nicht hässlich sein. Natürlich war ich weder hässlich, noch brauchte mein Gesicht ein künstliches Upgrade. Alles an mir war im grünen Bereich, und bekanntlich machen kleine Makel den wahren Menschen ja erst so richtig aus. Es wäre schön gewesen, wenn mir das damals jemand in aller Deutlichkeit gesagt hätte. Heute weiß ich es selbst.

Was habe ich getan? Zu Hause eine leere Flasche zu Hilfe genommen, um die Oberlippe anzusaugen, bis sie anschwoll. Das wiederholte ich so oft und betrachtete das Ergebnis im Spiegel, bis ich zu dem Schluss kam, es würde wirklich besser aussehen. Für die ultimative Entscheidungsfindung mussten sogar Fotos von Angelina Jolie herhalten, deren Aussehen mir sehr gefiel und zu der mir etliche Leute eine gewisse Ähnlichkeit nachsagten. Kurz gesagt, in der nächsten Prosecco-Laune ließ ich den Typen doch noch gewähren, zumal es mich keinen Cent kostete und von den übrigen Damen als die einzig richtige Entscheidung beklatscht wurde. Zunächst wurde Emla-Creme aufgetragen, um die Schmerzempfindlichkeit zu reduzieren. Im Anschluss folgten mehrere Injektionen mit einem Silikon-Präparat zum Unterspritzen der Oberlippe. Nicht etwa mit Hyaluron, welches vom Körper verlässlich wieder abgebaut und von der Schönheitschirurgie heutzutage bevorzugt wird. Meine Fillerbehandlung war nicht einen Cent wert, sondern höchstens Schmerzensgeld, wie ich sehr schnell feststellen sollte. Man konnte zusehen, wie meine Oberlippe einer allergischen Reaktion gleich anschwoll.

»Keine Sorge, innerhalb der nächsten Tage schwillt das wieder ab«, bekam ich von ihm zu hören.

Doch genau das geschah nicht. Stattdessen wurde ich draußen permanent darauf angesprochen. In der Presse – befeuert von einem Film-Event, auf dem ich mich trotzdem sehen ließ – konnte man von Doreen Dietel und ihrer verpfuschten Schönheits-OP lesen, die angeblich keine Rollenangebote mehr bekommen würde.

Tatsächlich gingen die Angebote zeitweise zurück, blieben aber nie ganz aus. Nichtsdestoweniger schürte es meine Ängste. Selbst eine Regisseurin ging mich völlig entrüstet an, wie ich denn ausschauen würde und ob ich noch ganz sauber ticken würde, mein Gesicht dermaßen verunstalten zu lassen.

Plötzlich meinte einfach jeder, noch Salz in die Wunde streuen zu müssen. Dabei hatte ich niemandem Schaden zugefügt außer mir selbst, und dafür hasste ich mich auch so schon genug.

Was für eine Scheinheiligkeit auf breiter Front. Wäre alles gut gegangen, hätten mich dieselben Leute zu meinem Aussehen ganz sicher beglückwünscht. Doch selbst ein vermeintlich perfektes Ergebnis wäre ein Muster ohne Wert gewesen, damals wie heute, vor allem nämlich das Einfallstor für die nächste Sucht namens Jugendwahn. Ständig neue Behandlungen mit Botox, Hyaluron und, und, und in permanentem Wettstreit mit anderen Unterspritzten und Zurechtgeschnittenen, solange, bis auch die letzte

Natürlichkeit weggebügelt ist und man begreift, dass gegen den Zahn der Zeit kein Kraut gewachsen ist. Besser ist es allemal, in Ehren zu altern und ein gesundes, vitales Leben zu führen.

Ich erreichte einen seelischen Tiefpunkt, wie ich ihn bis dahin noch nicht erlebt hatte. Das Ende meines Weges schien erreicht. Jetzt blieb mir nur noch übrig, aus dem Leben zu scheiden. Es würde eh niemanden interessieren, wenn ich weg wäre. Um mich herum existierte nichts als Dunkelheit, nichts Lebens- und Liebenswertes mehr. Ein Blick in den Spiegel gab mir den Rest: Hässlichkeit, Unvermögen, geballte Dummheit. - Das jedenfalls war, was ich sah und fühlte, als ich zu Hause angetrunken zum Teppichmesser griff, um mir die Pulsader der linken Hand aufzuschneiden. Kaum lief das Blut, packten mich Schwindel und Todesangst. In meinem Kopf begann es wild zu rotieren. Das konnte doch noch nicht alles gewesen sein. Dafür war ich mit Anfang dreißig doch noch viel zu jung. Augenblicklich stocknüchtern, wollte ich nichts sehnlicher als zu leben, drückte den Schnitt zusammen und presste ein Tuch darauf, wickelte einen schier endlosen Verband darum. So schlief ich kraftlos ein und wachte mit durchgeblutetem Verband wieder auf. Mein Schutzengel hat zweifellos viel zu leisten gehabt, doch alles heilte auch ohne fremde Hilfe erstaunlich schnell. - Nein, ich rief keinen Rettungswagen und begab mich in kein Krankenhaus.

Schließlich war es mein Kampf, mein Kampf ganz alleine.

Ich kann mich noch an einen völlig absurden Gedanken erinnern, als das Blut begann, den Teppich einzufärben:

‚Scheiße, wie krieg ich das ganze Blut wieder raus?'

Seelisch war ich vielleicht angeknackst, doch mein Körper war extrem robust und ich dazu noch wenig zimperlich. Ich verfüge über ein Heilfleisch, das an ein medizinisches Wunder grenzt, worauf ich noch mehrfach zurückkommen werde. Von Selbstmordgedanken war ich von jetzt auf gleich kuriert.

Meine Eltern, die den verheilten Schnitt später sahen und danach fragten, nahmen meine Erklärung lediglich mit verständnislosem Kopfschütteln auf. Ich gewann den Eindruck, für sie war ich immer noch dieselbe Doreen, welche als Kind mit schlimmsten Blessuren nachhause gekommen war, aber alles locker hatte wegstecken können. Scheinbar betrachteten sie mich nach wie vor als die „Unkaputtbare".

Noch heute wirkt ein Blick auf die Narbe wie eine Selbstreinigung. Nichts erdet mich mehr, abgesehen von meinem Sohn selbstverständlich, dem ich meine ganze mütterliche Kraft schulde.

Ach, und noch etwas: Die Schwellung der Oberlippe ist schließlich wieder zurückgegangen. Seither ist es ein temporär auftretendes Problem, in der Regel in besonderen Stressphasen oder wenn mein Immunsystem durch Krankheit geschwächt ist. Dann nimmt die Schwellung mitunter wieder zu und bereitet Schmerzen. Kortison-Injektionen dagegen können keine dauerhafte Lösung sein. Bis heute suche ich noch nach einer nachhaltigen Lösung.

Das Daten blieb weiterhin eine aufregende Beschäftigung, um Männer kennenzulernen. Reinfälle waren dabei zwar mehr Regel als Ausnahme, doch auch das machte den Reiz der Überraschung ja gerade aus.

Zum Beispiel der Typ, der mich mit einem schwarzen Ungetüm von Auto zum Essen ausführen wollte. Schön zurechtgemacht verließ ich Wohnung und Wohnhaus, nur um dann zur Salzsäule zu erstarren. Direkt vor mir wartete nicht etwa nur eine schöne Limousine, sondern gleich eine Strechlimo, in der man sich, wie es schien, locker verlaufen konnte. Mein Verehrer, den ich zum ersten Mal persönlich traf, stieg aus und blieb wartend neben der geöffneten, hinteren Wagentür stehen. Sein siegesgewisses, geradezu selbstverliebtes Grinsen gefiel mir genauso wenig, wie der völlig überzogene weiße Schal zum dunklen Anzug. Nichtsdestotrotz begrüßte ich ihn freundlich und stieg ein. Mich empfingen protziger Luxus und dezente Musik, dazu eine Flasche Champagner auf Eis sowie ein Chauffeur.

Gerade wollte mein Begleiter für den Abend zu mir ins Auto steigen, da war es an ihm, entgeistert zu erstarren.

Auf der anderen Seite war ich nämlich wieder ausgestiegen, und wir blickten uns übers Dach hinweg an.

»Was ist los?«, wollte er wissen.

»Ich kann das nicht, so wird das nichts«, sprach ich und ging zurück in Richtung Haustür.

Der Ärmste war von der Situation überfordert und rang nach Worten: »Hä, was soll das jetzt?«

»Nicht dein Fehler, es tut mir leid«, waren meine letzten Worte, bevor ich im Haus verschwand.

Wenn ich mich schon in den ersten Minuten unwohl fühlte, wie hätte daraus noch was Lohnenswertes werden sollen? Nein, bloß nicht wieder so ein stinkreicher Karl.

Einmal mehr verliebte ich mich Anfang des Jahres 2005 in eine wandelnde Katastrophe, was mein Leben betraf. Als Personal Trainer in meinem Fitnessstudio war Damian richtig gut und begehrt, wenngleich streng wie ein Ausbilder auf dem Kasernenhof. Unter seiner fachmännischen Führung habe ich fast jeden Tag trainiert, mehr und mehr, alleine schon eine kleine Ewigkeit auf dem Crosstrainer.

Unsere Liebe war noch ganz frisch, da überraschte er mich damit, dass einer seiner Kunden beziehungsweise Freunde uns zu sich nach Hause eingeladen hätte, um an einem Familienfest teilzunehmen.

Uns erwartete kein Haus, sondern eine Prachtvilla. Als auf unser Klingeln hin die Haustür geöffnet wurde, hätte ich beinahe laut aufgelacht: Da stand der Typ mit der schwarzen Stretchlimo!

»Hey, wir kennen uns doch«, ließ ich meiner Begeisterung über diesen besonderen Scherz des Schicksals lautstark freien Lauf.

»Was, ihr kennt euch?«, hakte Damian sofort neugierig nach.

»Flüchtig«, erwiderte ich beiläufig.

Währenddessen war der Hausherr leichenblass geworden.

Der starrte mich an, als hätte er mir am liebsten den Mund zugeklebt.

Kein Wunder, denn wie sich herausstellte, hatte er eine Ehefrau und mehrere Kinder, die alle zugegen waren. Aha, Wochen zuvor hätte ich also ein Seitensprung werden sollen, vielleicht auch ein gelegentliches Appetithäppchen auf Abruf.

»Tja, so sieht man sich wieder«, machte ich eine letzte Anspielung und hielt mich ab da bedeckt.

Während ich dieses Familienfest amüsiert genoss, muss der Gastgeber vor Angst Blut und Wasser geschwitzt haben, jedenfalls ging er mir sorgfältig aus dem Weg. Sobald ich in seiner Nähe auftauchte, nahm er regelrecht Reißaus.

Soweit ich beobachten konnte, wirkte seine zur Schau gestellte gute Laune arg gequält. Ich blieb dabei, nichts zu verraten, denn erstens war zwischen uns ja nicht wirklich etwas vorgefallen, und zweitens reichte mir schon aus, dass ihm der Arsch auf Grundeis ging.

Als Partner in einer Beziehung erwies sich meine neue Liebe Damian fortan als charakterschwach. Er war dem Alkohol zu sehr zugetan und schlug mich, sobald er kein Oberwasser hatte. Jeden Erfolg neidete er mir. Durch ihn habe ich meinen eigenen Alkoholkonsum wieder hochgefahren. Es ergaben sich einfach zu viele Gelegenheiten. Dass mich meine Liebe in Wahrheit unglücklich machte, kam erschwerend hinzu. Das kannte ich ja schon zur Genüge: anfangs noch abgöttisch geliebt, danach nur noch kleingemacht.

Dazu passte wie die Faust aufs Auge, was mir ausgerechnet während unseres gemeinsamen Urlaubs zustieß, als wir auf dem Weg zu seinem Vater waren. Unterwegs hielten wir an einer Tankstelle, wo ich in unmittelbarer Nähe des Wagens für eine kleine Weile geistesabwesend verharrte. Prompt kam ein Pferdeanhänger auf meinem Fuß zum Stehen – Fuß gebrochen und das wenige Wochen vor Drehbeginn für eine Hauptrolle in der Komödie „Tote Hose – Kann nicht, gibt's nicht".

Im Krankenhaus war der ganze Fuß so schwarz angelaufen, dass der zuständige Mediziner sich nicht sicher war, ob überhaupt an eine richtige Heilung zu denken war. Sogar eine mögliche Amputation stand im Raum. Wie man sich denken kann, war ich auf der ganzen Linie fertig mit der Welt. Es durfte auch nicht eingegipst werden, weshalb mich das bedrohliche Schwarz permanent an die nahe Katastrophe erinnerte.

Anstatt zu verzweifeln, tauchte ich jeden Tag im Sportstudio auf und absolvierte meine ganz eigene Sporttherapie: ganz leichte Bewegungen auf dem Sitzfahrrad. - Wie durch ein Wunder regenerierte sich das Gewebe, der Fuß schwoll langsam ab, und aus Schwarz wurde Lila, dann Grün und schließlich Gelb.

Beizeiten erhielt ich einen orthopädischen Laufschuh. Mein Orthopäde kam aus dem Staunen nicht heraus. Auch der Knochen heilte in Rekordzeit perfekt zusammen, kein Unterschied zu vor dem Unfall. An der entscheidenden Stelle hatte sich ein schützender Kallus, also neue Knochensubstanz gebildet.

Die Hauptrolle in der Komödie konnte ich übernehmen, allerdings nicht wie im Drehbuch vorgesehen in mörderischen High Heels, sondern in einer entschärften Version. Ansonsten durfte ich auf Empfehlung meines Arztes voll darauf vertrauen, dass mein Fuß wunderbar halten würde und jede Angst diesbezüglich fehl am Platze war. Ich beherzigte es und spielte unbelastet auf. Es musste ja auch Lichtblicke im Leben geben.

Dietel-Galerie

Baby Doreen mit Mami

Doreen mit 4 Jahren

Die heiß und innig geliebte Wiebel-Omi

Doreen mit ihrem väterlichen Freund Bill – USA 1995

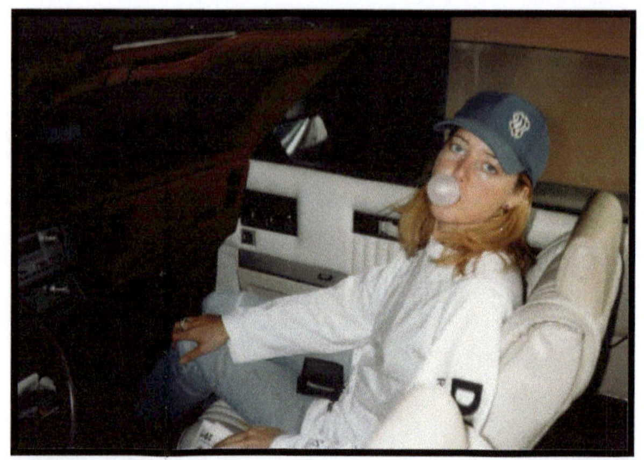

Ganz entspannt in Bills Ami-Schlitten – USA 1995

Mit der Boutique-Crew in Santa Monica – USA 1995

Mit der Hotel-Crew in Venice – USA 1995

Doreen und ihre zweite große Liebe Benjamin Tewaag

Mit Freundin und Schauspielkollegin Nicki Aycox
in Hollywood – USA 2002

Mit Schauspielkollegin Ursula Karven
beim Filmfest München

Aus der gemeinsamen Zeit mit Max von Thun

Gemeinsame Filmszene mit Frank Giering
in „Großglocknerliebe" – 2003

Gemeinsame Serienszene mit Stephan Luca
in „Der Bergpfarrer" – 2004

Filmszene aus „Sprung ins Glück" – 2005

Fotoshooting zum Thema „Die 60er"

Doreen am Deutschen Theater:
Musicalfoto 1 zu „Die Schöne und das Biest“ – 2006

Doreen am Deutschen Theater:
Musicalfoto 2 zu „Die Schöne und das Biest" – 2006

Werbegesicht für „miha bodytec" – 2007

Motocross-Routinier Doreen
bei Werbeaufnahme für BMW – 2007

Privatperson Doreen
als talentierte Fassadenkletterin – um 2009

Historische Serienszene aus „Dahoam is Dahoam"

Doreen und Tobi
bei Store-Eröffnung „Karl Lagerfeld" – 2013

Doreen, Sohn Marlow und Tobi im Weihnachtsfieber

Mit ihrem „Mäusekuchen" am Tegernsee – 2017

Mama und Sohn genießen ihre Zweisamkeit – 2017

Marlow mit seinem geliebten Opi – 2017

Nach dem Restaurant-Zuschlag am Tegernsee – 2017

Gastronomin Doreen bei Umbauarbeiten
im künftigen „Dürnbecker"

Das fertige Restaurant-Bistro – 2018

Doreen mit Mami in der Küche – 2018

Das „Dürnbecker" in Gmund am Tegernsee

„Dschungelcamp"-Teilnehmerin Doreen
mit „Dr. Bob" – 2019

Vorbereitung auf
„Das große SAT.1 Promiboxen" – 2020

Aus Doreens eigener Kollektion

Dreimonatstrip in die USA reloaded

Noch während meiner Beziehung mit Max von Thun rieb mich diese dermaßen auf, dass ich wieder das dringende Bedürfnis verspürte, dem drohenden Fiasko möglichst weit zu entfliehen, um zu mir selbst zurückzufinden. Einmal hatten mir drei Monate USA beziehungsweise Kanada schon gutgetan, also packte ich kurzentschlossen einen Koffer, wiederum im Januar.

Nur im Unterschied zum letzten Mal flog ich direkt nach Los Angeles und ging planvoller vor. Zumindest war ich bereit, eine Chance als Schauspielerin gegebenenfalls auch in Übersee in Erwägung zu ziehen. Während meiner Zeit in der Familienserie „Bei aller Liebe" – in 17 Episoden habe ich die Rolle der Betty gespielt – hatte ich einen Filmschaffenden kennengelernt, der auch als Produzent in L.A. aktiv war. Und dieser hatte versprochen, mir eine Rolle zu verschaffen. Ihn sollte ich dort bei Gelegenheit aufsuchen.

Nun ja, eines lernt man im Filmgeschäft mit als erstes: Versprechungen dieser Art sind in aller Regel mit größter Vorsicht zu genießen. - Nichtsdestoweniger bot es mir einen perfekten Anreiz, mich in den Flieger zu setzen.

Vor Ort schien mich sein erster Kontakt – ein Freund von ihm und Amerikaner namens Danny – aber wirklich ein Stück weiterzubringen, als der mich vom Flughafen abholte und ich bei ihm wohnen durfte. Nun wäre das ja durchaus eine schöne Geste gewesen, hätte dieser Danny das nicht als Einladung begriffen, mir gleich am ersten Abend an die Wäsche zu gehen. Ich, völlig übermüdet mit Jetlag inmitten seiner Kumpels und ihm in einer Bar, dazu Green-Apple-Martini – so sah mein Einstand unmittelbar nach Ankunft in L.A. aus. Tja, und auf dem anschließenden Heimweg dann der Versuch, mich im Wagen zu küssen und zu befummeln – frei nach dem Motto, man kann es ja mal versuchen – worauf ich ihm die „rote Karte" zeigte. Was habe ich in dieser Nacht geheult. Zum Glück wohnte er in so einer Art WG, ich glaube mit zwei Männern und einer Frau, was mir ein halbwegs sicheres Gefühl gab. Geschlafen habe ich dann unbehelligt auf der Couch.

Als er mich am Tag darauf erneut in eine Bar einlud, hätte ich mich kaum schlechter fühlen können. Ich erinnere mich noch, als wäre es gestern gewesen, wie ich mich frustriert an einem Erdbeer-Daiquiri festgehalten habe. Plötzlich war da dieser Österreicher, ein junger dunkelhaariger Mann, sehr gepflegt und mit besten Manieren. Ihm war mein deutscher Zungenschlag nicht entgangen, auch nicht, dass ich nicht sonderlich glücklich zu sein schien. Wir kamen ins Gespräch, und ich vertraute mich ihm an, also, dass mein Begleiter zu meinem großen Unglück etwas von mir wollte und ich dringend eine andere Bleibe benötigte. Der Öster-reicher, mit dem ich mich ja ganz zwanglos auf Deutsch unterhalten konnte, brachte daraufhin seine Freundin ins Spiel, die bildhübsche Schauspielerin Nicki Aycox, welche mich gleich großherzig bei sich aufnahm. Wir waren eine Altersgruppe und verstanden uns auf Anhieb wie beste Freundinnen. In einer Nacht-und-Nebel-Aktion haben wir meinen Koffer noch in derselben Nacht geholt und ich bestand darauf, mich an ihrer Miete zu beteiligen.

Nicki wohnte im unteren Teil der Hollywood Hills oberhalb von Los Angeles – mit diesem berühmten Hollywood-Schriftzug in weißen Lettern. Die Hügelkette beherbergt ein Villenviertel, in dem so ziemlich alles lebt, was in der US-Filmindustrie Rang und Namen hat. Meine neue Freundin nahm mich mit auf Filmpartys, wo sich etliche Stars die Klinke in die Hand gaben. Einige lernte ich persönlich kennen, plauschte zum Beispiel lange mit Leonardo DiCaprio, der ja deutsche Wurzeln hat und darauf sehr stolz ist. Mit der humorvollen Meg Ryan lachte ich besonders viel. Nicki und ich hatten in den drei Monaten enorm viel Spaß. Während ich ihr Kartenspiele beibrachte, lehrte sie mich Umgangsenglisch.

Zur Ehrenrettung von Danny muss ich noch sagen, dass er sich für sein Fehlverhalten aufrichtig entschuldigt und mir für die Zeit meines L.A.-Aufenthaltes sogar sein Mountainbike geliehen hat. Damit war der unschöne Vorfall für mich auch vergessen und vergeben.

Meine Hauptaufgabe sah ich darin, Englisch zu lernen. Zu diesem Zweck besuchte ich eine Sprachschule im lebendigen Stadtteil Westwood, fuhr Tag für Tag die steile, kurvenreiche Straße von den Hills runter und anschließend wieder rauf. Meiner Kondition und Figur war das zwar durchaus zuträglich, gleichwohl hatte es auch etwas Halsbrecherisches. Den Zusammenstoß mit einem Auto gab es dann allerdings unweit der Sprachschule, nach gerade mal einer Woche. In einer unübersichtlichen Verkehrssituation war der Wagen aus einer Einfahrt gekommen und hatte mich vom Mountainbike gefegt. Sofort bildete sich eine Menschentraube, und Passanten redeten auf mich ein. Als Erstes ging mein Blick zum Bike, doch bis auf eine Acht im Vorderrad schien alles soweit okay zu sein. Dann setzte der Schmerz ein, und ich betrachtete mein offenes Knie, das einer dicken Kugel glich. Helfende Hände haben mich dann noch bis in die Sprachschule begleitet, von wo aus man den Krankenwagen gerufen hat. Meine Lehrerin, eine Deutsche, kam mit mir in die Klinik, um gegebenenfalls zu übersetzen. Vor allem musste mein lädiertes Knie untersucht und eine tiefe Wunde betäubt und gereinigt werden. Ich stand unter Schock, mir war schlecht, und vor allem musste ich dringend aufs Klo. Seit Tagen litt ich unter Verstopfung. Das kannte ich schon, weil es mich immer dann erwischte, wenn ich fernab der eigenen vier Wände im Urlaub oder so war. So, und jetzt wollte urplötzlich alles auf einmal raus. - Bestimmt kennt Ihr das auch, wenn es in Hintern oder Blase dermaßen drückt und schmerzt, dass man kalten Schweiß und Schüttelfrost bekommt.

»Oh shit!«, platzte es aus mir heraus, während ich mich auf der Behandlungsliege quälte.

Besorgt hakte der behandelnde Arzt nach. Aber geschliffenes Englisch war das Letzte, worüber ich mir in dem Augenblick Gedanken machte:

»Mister Doc, I have to shit.«

Arzt und Krankenschwester sahen sich entgeistert an. Umso verzweifelter redete ich mit Händen und Füßen auf beide ein, bis meine Lehrerin für Aufklärung sorgte und ich zur Toilette gebracht wurde.

Nachdem ich Erlösung gefunden und wieder meine Liege-position eingenommen hatte, brachte ich gedankenverloren meine Erleichterung zum Ausdruck: »Ooh, shit.«

»Oh, you have to shit again?«, kommentierte der Arzt grinsend.

Meine Lehrerin stimmte in das allgemeine Gelächter ein. »Doreen, du bist mir schon eine Marke, ehrlich.«

Mit Schmerzmitteln abgefüttert und auf Krücken, wurde ich von Nicki abgeholt und nach Hause gebracht. Damit ich auch nicht ein Mal Unterricht verpasste, hat sie mich tagelang zur Schule gefahren und wieder abgeholt. Sie war so fürsorglich und lieb – unglaublich. Umgekehrt habe ich für sie von Herzen deutsche Speisen zubereitet, weil sie ein bekennender Fan der deutschen Küche war. Ich lag sogar meinem deutschen Bekannten und Fürsprecher in den Ohren, der wie schon gesagt in L.A. Filme produzierte und dort Hinz und Kunz kannte, er möge meiner Freundin Nicki unbedingt eine Rolle verschaffen. Das beeindruckte und verwirrte ihn gleichermaßen:

»Doreen, was bist du eigentlich für ein Mädel? Ich will dir Rollen anbieten, die du nur wegen deiner noch schlechten Englischkenntnisse ablehnst, aber du bemühst dich für andere um Filmrollen.«

Ja, schon richtig, ich sah das für mich einfach nicht, in Hollywood Karriere zu machen. Ohne perfektes Englisch war mir das zu blöd.

Sicher genug fühlte ich mich nur in meiner Muttersprache. Mich selbstlos für Nicki einzusetzen, empfand ich gleich-zeitig als selbstverständlich. Erstens konnte es gar keine bessere Freundin als sie geben, zweitens war sie als Schauspielerin richtig gut und verfügte über ein außergewöhnliches Charisma.

Mein besonders in den ersten Wochen wenig famoses Englisch sorgte auch im Zusammenhang mit Speis und Trank immer wieder für Unverständnis und viel Erheiterung. Zum Beispiel saß ich in einem Diner und bestellte Orangensaft. Gewollt hatte ich angesichts der Affenhitze einen großen, serviert wurde mir ein kleiner.

»No, I want a great orange juice.«

»Yeah, sure, it's a great one«, versicherte mir die zierliche Bedienung mit den Mandelaugen.

»No, no, I want a great one, a great!«, blieb ich hartnäckig und nahm mal wieder die Hände zu Hilfe, um das Glas optisch aufzublasen.

»Ah, I see«, begriff sie schlagartig, »you mean a big one.«

Mein verbaler Fehlgriff amüsierte das ganze Diner. Auch gut, ich war die Letzte, die was gegen einen guten Lacher hatte, selbst wenn er auf meine Kosten ging. Hauptsache, ich bekam endlich den eisgekühlten Orangensaft in XL.

Ebenfalls in einem Diner wollte ich mir ein Spiegelei bestellen. Ich war dazu übergegangen, nicht mehr ohne Wörterbuch aus dem Haus zu gehen. Doch auch im Umgang mit dem Dictionary hieß es, gewusst wie. Ich hätte der Einfachheit halber ja nach dem Begriff „Spiegelei" suchen können und wäre unweigerlich auf „fried egg" gestoßen. Aber nein, Doreen Dietel musste natürlich wieder von hinten durch die kalte Küche kommen. Spiegel hieß „mirror", Ei hieß „egg", also bestellte ich im Brustton der Überzeugung ein „mirror egg". Unnötig zu erwähnen, dass ich nach Auflösung des Rätsels damit für den Witz des Tages im Diner sorgte, wahrscheinlich sogar der Woche oder gar des ganzen Monats.

Oder kennt Ihr den Begriff Doggybag? Darin kann man sich die verbliebenen Reste der bestellten Mahlzeit zum Mitnehmen einpacken lassen. So was wollte ich gerne haben. Doch wonach habe ich gefragt, als mir die Portion zu groß war:

»Could I have a Doggystyle?«

Wieder sorgte ich damit für schallendes Gelächter, denn ich hatte soeben nach einer speziellen Sexstellung gefragt. Bis ich das begriffen habe …

Und weil ich gerade so gut in Fahrt war, begriff ich auch nicht, weshalb die freundliche Bedienung mir immer ungefragt Kaffee nachgießen wollte. Ich wollte am Ende doch nicht drei oder vier Kaffee bezahlen müssen.

Verunsichert hielt ich meine Hand über die Tasse. »Stopp, stopp, I don' want more coffee!«

»Just refill«, erklärte sie unbeirrt und gab mir zu verstehen, dass das Nachschenken umsonst war.

Der Comic-Gallier Oberlix hätte wohl gesagt: ‚Die spinnen, die Amis.' – Aber wenn man erst einmal verstand, wie deren Alltagskultur so funktionierte, konnte man sich eigentlich ganz gut damit anfreunden. Eine meiner Stärken ist es, schnell dazuzulernen.

Und das tat ich.

Bezüglich meiner Sprachkapriolen fällt mir gerade noch ein, dass ich anfangs sogar meiner Freundin Nicki vor den Kopf gestoßen habe. Als wir nämlich auf dem Weg in einen angesagten Club waren und ich sie in dem Zusammenhang bitten wollte, mich gegebenenfalls spannenden Filmleuten vorzustellen, formulierte ich es so:

»Could you invite me tonight …«

Ich hatte noch gar nicht zu Ende gesprochen, da zeigte mir schon ihr wenig amüsierter Gesichtsausdruck, dass ich mit meinem Englisch mal wieder ins Klo gegriffen hatte. Korrekterweise hätte ich fragen müssen: Could you introduce me … – Denn natürlich sollte und brauchte sie mir nicht den Abend zu finanzieren. Zum Glück konnte ich das Missverständnis schnell aufklären.

Oh ja, in den drei Monaten habe ich mir ungewollt einige Korken geleistet.

Schon alleine deshalb, weil ich gerne in Bikini auf dem Mountainbike unterwegs war. Das machte mich in doppelter Hinsicht zur Sensation, wie mir nach und nach klar wurde. Anders als in diversen US-TV-Serien und Spielfilmen häufig suggeriert, waren die Amis nämlich zumindest in der Öffentlichkeit ein prüdes Völkchen. Ein Bikini auf offener Straße? Oh ja, das sorgte für Aufmerksamkeit. Und in der Megacity plus Autohochburg L.A. auf dem Fahrrad ins Pedal zu treten, machte mich fast schon zu einer Außerirdischen. Diese Kombination war im Stadtbild in etwa so selten wie eine weidende Kuh. Das stelle man sich mal vor, ich wurde selbst aus vorbeifahrenden Autos heraus am laufenden Band fotografiert. Von japanischen Touristen hätte ich das ja vielleicht erwartet, aber von den Amis?

Wieder einmal war ich auf dem Fahrrad stundenlang unterwegs gewesen. Von der Sonne völlig geplättet, schien mir eine weitläufige, saftige Wiese der perfekte Ort zu sein, um im Bikini etwas auszuruhen. Es war dermaßen angenehm, dass ich eingeschlafen bin. Aufgeweckt wurde ich erst wieder von Gemurmel und sah etwa 20 schwarz gekleidete Leute unweit von mir vorbeischreiten.

Träumte ich womöglich noch? Surreal war die Situation in jedem Fall. Erst recht, als ich aufstand und um mich herum die im Boden eingelassenen Grabsteinplatten erkannte, welche mir zuvor völlig entgangen waren. Herrje, ich stand mitten auf einem Friedhof – im Bikini! Da konnte ich noch von Glück reden, dass mich keine Polizeistreife aufgeweckt hatte. Überhaupt ein Wunder, dass mich niemand zur Ordnung gerufen hat. Das nenne ich mal die Mutter aller Toleranz.

Mann, was habe ich mich geradezu in Lichtgeschwindigkeit wieder hingelegt, ganz flach versteht sich, um mich so unauffällig wie möglich anzukleiden – sogar unter Vermeidung selbst noch des kleinsten Geräusches.

Gummi gegeben habe ich final, als wäre der Leibhaftige hinter mir her gewesen.

An einem anderen Nachmittag habe ich es auf dem Weg zurück in die Hills sogar zuwege gebracht, anstatt nach links gedankenverloren den Autobahnzubringer rechts anzusteuern. Auf einem Schild war „Route 66" zu lesen. Davon hatte ich schon gehört, so falsch konnte das also nicht sein. Merkwürdig kam es mir erst vor, als ich aus den überholenden Autos offensichtlich angeschrien wurde. Also nahm ich schließlich die Kopfhörer ab – ungern, die coole Musik machte richtig Spaß – und hörte, was eine Frau mittleren Alters mitzuteilen hatte, die sich weit aus dem Beifahrerfenster lehnte:

»Are you crazy?!«

Darüber hinaus begleitete mich noch ein Hupkonzert. Was wollten die bloß alle von mir? Nun fiel mir auf, dass die einspurige Fahrbahn mittlerweile zur vierspurigen Autobahn mutiert war. Außer mir gab es weit und breit niemanden auf einem Fahrrad. Auch die Umgebung kam mir gänzlich unbekannt vor. Aha, verfahren! Alles, was ich tun konnte, war, wieder umzudrehen. Das tat ich und erntete ein wildes Hupkonzert gepaart mit einem Gewitter von Lichthupen, dagegen war das vorher ein Witz gewesen. Kein Wunder, immerhin fuhr ich entgegen der Fahrtrichtung – ein Geisterfahrer auf dem Mountainbike! Was habe ich an Stoßgebeten gen Himmel gesendet, der liebe Gott möge mich unversehrt bei Nicki ankommen lassen. Als ich ihr endlich von meinem jüngsten Abenteuer berichten konnte, wurde sie ganz blass. Einmal mehr musste ich mir anhören:

»Are you crazy?!«

Besonders inspiriert hat mich ein Nobelhotel in Beverly Hills, welches ich bis dahin nur aus der Fernsehserie „Sex and the City" kannte. Nicki und ich waren von Filmleuten auf einen Cocktail dorthin eingeladen worden. Ich traute meinen Augen kaum. Da posierte in einem Aquarium hinter der Rezeption doch tatsächlich eine wunderschöne junge Frau. Das ganze Ambiente hat mich dermaßen fasziniert, dass wir uns am Tag darauf an der dortigen Poolbar einfanden. Hotelgäste, nicht Hotelgäste – scheinbar durfte jeder ein und aus gehen, Hauptsache, man bezahlte seine Bestellung. Wow, sich tagsüber am Luxuspool räkeln, Cocktails schlürfen und das Publikum abchecken, also das konnte ich mir durchaus jeden Tag vorstellen. Gedacht, getan, im letzten verbliebenen Monat fuhr ich in luftigem Kleidchen und Sneaker auf dem Mountainbike vor, zog High Heels aus der mitgeführten Handtasche und stöckelte wie selbstverständlich bis zum Hotelpool. Über Stunden lag ich da im Bikini, las mein Buch und hielt mich an einem einzigen bestellten Getränk fest. Darüber hinaus hatte ich mein eigenes Wasser dabei, von dem ich unauffällig zehrte. Das Ganze sollte mich ja nicht arm machen. Dieses reiche Publikum um mich herum hielt es scheinbar für sehr angesagt, von den bestellten Speisen mindestens die Hälfte stehenzulassen. Umso besser, ich war eine dankbare Abnehmerin für Clubsandwich, Pommes & Co., zog mir kurzerhand die Teller heran und übernahm die Resteverwertung auf höchstem Niveau. An die Luxusrundumversorgung gewöhnte ich mich schnell und wurde vom Personal – ob nun Portier, Rezeptionisten oder Barpersonal – innerhalb kürzester Zeit überaus freudig gegrüßt. Schätzungsweise drei Wochen ging mein vorwitziges Spiel gut, bis ein Hotelmanager gezielt auf mich zukam und höflich wissen wollte, ob ich denn überhaupt Hotelgast sei – Augenweide hin oder her. Ich musste verneinen und wurde daraufhin dezent des Hauses verwiesen.

Zwei Tage später reiste ich ohnehin nach Deutschland zurück, im Gepäck neues Selbstvertrauen, viele gemeisterte Abenteuer sowie recht passable Englischkenntnisse. Meine Beziehung mit Max konnte das auch nicht mehr dauerhaft retten, es vertiefte die Gräben nur. Hätte ich diese tief empfundene Liebe zu ihm bei meiner Rückkehr mal eben über Bord werfen können, ich hätte es mit Freuden getan.

Nur leider entzieht sich Liebe jeder Vernunft und Logik, viel zu lange sogar dem gesunden Selbsterhaltungstrieb.

Alle Erklärungsversuche und jedes Drumherumgerede hätten nichts an der Tatsache ändern können, dass ich schlicht und ergreifend eine liebenswerte und beizeiten naive Chaotin mit spontanem Überlebensinstinkt war, die danach lechzte, sich selber zu spüren. Der zweite Trip nach Los Angeles legte das schonungslos offen. So seltsam es vielleicht klingen mag, gerade in jenen drei Monaten habe ich mich mit meinen schrulligen Eigenheiten so richtig lieben gelernt.

Ein Filmpartner wird zum nächsten Albtraum

Ich wurde für einen neuen Fernsehfilm gecastet, als ich bereits mit dem Fitnesstrainer Damian liiert war. Besonders freute ich mich auf die erste Zusammenarbeit mit einem gestandenen Schauspielkollegen, den ich seit Jahren schätzte und respektierte. Wir waren uns schon auf dem einen oder anderen Event über den Weg gelaufen, hatten dort einige nette Worte gewechselt. Deshalb traf mich das, womit ich es im Laufe der Dreharbeiten dann tatsächlich zu tun bekommen sollte, völlig unvorbereitet und umso härter. Am Set entpuppte sich der besagte Schauspieler als ein ungehobelter Narziss der schlimmsten Sorte. Ein Darsteller kann einen schlechten Tag haben – geschenkt. Einen Darsteller können am Set private Probleme oder medizinische Sorgen plagen – als Profi verdrängt er es und lässt es so gut wie möglich nicht an einer Kollegin aus.

Vielleicht mag der gestandene Darsteller eine Kollegin einfach nicht, dann überspielt er es vor der Kamera und lässt sie hinter der Kamera in Frieden – dafür ist er alter Hase und Profi genug. So sollte es eigentlich sein, doch nicht in diesem Fall. Dieser Herr legte es allem Anschein nach darauf an, mir und der gesamten Filmcrew das Leben zur Hölle zu machen – ein Klaus Kinski im Westentaschenformat.

Genau das, worauf ich mich zuvor noch gefreut hatte, fiel mir jetzt voll auf die Füße: reichlich gemeinsame Szenen vor der Kamera. - Dieser Macho-Gockel hat seine Umgebung nicht nur permanent terrorisiert, sondern dabei auch noch penetrant nach Schweiß gestunken. Vielleicht habe ich auch nur eine überempfindliche Nase, mag sein, mir war es jedenfalls allemal zu viel des Guten. - Sobald die Kamera in einer Nahaufnahme auf mich fokussiert war und ich meinen Text sprach, hatte er nichts Besseres zu tun, als abseits mit seiner Frau oder sonst wem zu telefonieren. Mit anderen Worten, ich musste zu einem Gegenüber sprechen, das gar nicht anwesend war. Weil der selbsternannte Überflieger betont zu fein war, um im Off auf seinen Einsatz zu warten. Extrem unkollegial und respektlos war das. Andersherum hatte ich ihm aber jederzeit zur Verfügung zu stehen. In seiner Angst, ich würde ihn in den Schatten stellen, hatte „der große Star" mich ohnehin schon früh auf dem Kicker. Unbegründet war sein Unbehagen nicht, denn während ich für meine dargebotene Leistung Tag für Tag unisono gelobt wurde, blieb ihm das verwehrt. Im Filmteam gab es nicht wenige, die der Überzeugung waren, dass ich nicht nur auf Augenhöhe neben diesem durchaus namhaften Kollegen bestehen konnte, sondern ihn sogar locker an die Wand spielte.

Als ein Außendreh buchstäblich ins Wasser fiel, weil es in Strömen regnete, erhielt ich die entsprechende Info in der Maske. Also wurde ich wieder abgeschminkt, und es ging zurück ins Hotel. So etwas nahm jeder wohlwollende Profi von Format hin, ohne sich groß aus der Ruhe bringen zu lassen. Schließlich fiel das Wetter nicht umsonst in die Kategorie „höhere Gewalt". Was soll ich sagen, mein gar nicht mehr geschätzter Kollege gab den Querulanten, forderte trotzdem medienwirksamen sein Geld für den Drehtag, denn schließlich hätte er schon in der Maske gesessen. Einmal saßen wir bereits für eine Szene verkabelt im Auto, als er plötzlich von meinem aktuellen Freund anfing, den von Prominenten im Großraum München gern gebuchten Personal Trainer. Ob ich überhaupt wüsste, was der Typ hinter meinem Rücken gerade so treibe. Der würde es in München mit den Weibern ganz schön krachen lassen.

»Bitte, sei einfach leise und lass mich in Ruhe mit deinen Geschichten. Ich muss mich auf die Szene konzentrieren«, stellte ich genervt klar.

Wie von der Tarantel gestochen, sprang mein provokanter Filmpartner aus dem Auto und machte lautstark ein Fass auf. Er würde sich von mir nicht als Arschloch und Wichser bezeichnen lassen. Ich wäre ja nicht ganz dicht, und man solle mir doch dringend mal etwas Magnesium zum Runterkommen geben. Dann schwadronierte er noch was von wegen Drehschluss. Ich war nicht bereit, mir diese Frechheiten bieten zu lassen, und wäre er der bestbezahlte Superstar Hollywoods gewesen. Also stieg ich meinerseits aus.

»Als was soll ich dich bezeichnet haben?! Spinnst du?! Ich habe nur gesagt, du sollst leise sein, ich muss mich konzentrieren.«

Aber sein Gezeter hörte nicht auf. Nicht erst seit diesem Vorfall hatte der Mann keine Fürsprecher mehr im Filmteam. Alle hatten den Kanal längst voll von seinem Benehmen. Und dann kam der Tonmann dazu und verkündete trocken, er hätte ja alles im Auto aufgezeichnet, was von uns beiden jeweils gesagt worden sei und ob er das über Lautsprecher mal für alle einspielen solle. Nach dem Motto: „Angriff ist die beste Verteidigung", warf mir mein ungeliebter Drehpartner daraufhin an den Kopf, ich solle mir gar nicht einbilden, dass ich mir das mit ihm erlauben könne und garnierte es zusätzlich mit beleidigendem Gossen-Vokabular. Ich brach in Tränen aus und blieb damit nicht die Einzige.

Ein anstrengender Nachtdreh endete mal wieder in strömendem Regen. Meine Freude über den Anblick des Fahrers, der mich zurück ins Hotel bringen würde, war entsprechend groß. Nur leider widersprach es den Staral-lüren des …, na ihr wisst schon wer, sich ein Fahrzeug zu teilen. Der Kollege wolle mich nicht mitnehmen, hätte Anspruch auf einen eigenen Fahrer, was vertraglich auch so festgehalten sei, hatte mir der darüber gar nicht glückliche Fahrer zähneknirschend auszurichten.

Und so musste ich nachts um zwei zusehen, wie der Wagen ohne mich Richtung Hotel verschwand.

Als ich pünktlich um 10 Uhr morgens zu einem vereinbarten Termin in die Hotellobby kam, um von dort aus zu einem Interview und Fotoshooting gefahren zu werden, war vom betreffenden Fernsehsender niemand vor Ort. Auch nicht mein ebenfalls angefragter Filmpartner. Verwirrt hörte ich mich um und siehe da, Letzterer hatte die Medienvertreter wohl schon vorher abgefangen und angeblich behauptet, ich würde noch völlig versoffen im Hotelzimmer liegen. Man solle für Interview und Fotoshooting besser auf mich verzichten.

Eine bodenlose Frechheit, wenn das stimmte.

Ich soff grundsätzlich nicht während eines Engagements. Gegen Ende der gesamten Dreharbeiten war ich nur noch ein Schatten meiner selbst, mit den Kräften völlig am Ende. In sechs Wochen Drehzeit hatte ich acht Kilo abgenommen – wegen dieses Idioten!

Nur noch zwei oder drei leichte Sprünge sollte ich auf einem Pferd absolvieren, dann wäre mein Job erledigt gewesen. Nur leider wurde ich im Sattel bewusstlos und stürzte so unglücklich auf einen Holzbalken, dass die höllischen Schmerzen im Rücken das Schlimmste vermuten ließen. Ein Rettungswagen brachte mich mit Verdacht auf Rückgratbruch ins nächste Krankenhaus. Dortige Diagnose: Haarriss in einem der Rückenwirbel. - Allerdings durfte ich selbständig das Flugzeug nehmen.

Ein plötzliches Luftloch hätte mir den wirklichen Ernst der Lage eigentlich vor Augen führen müssen, solche unerträglichen Schmerzen rief es hervor. Aber nein, anstatt zum Arzt ging ich am nächsten Morgen lieber unter Schmerzen spazieren und schwimmen. Mit dem Ergebnis, dass ich kaum noch laufen konnte.

Ich schleppte mich per Taxi zu meinem Orthopäden, der sofort eine Röntgenaufnahme veranlasste. Er studierte die Aufnahme, ich studierte sein Gesicht – das blanke Entsetzen. Größe und Position des Haarrisses führten dazu, dass ich mich augenblicklich hinlegen musste und mich nicht mehr bewegen durfte. Die Ärzte zuvor hatten ein krasses Fehlurteil abgegeben.

»Du hättest nur noch unglücklich stolpern müssen, dann wärst du jetzt querschnittsgelähmt – Luxus-Querschnitt«, ließ mein Doc des Vertrauens mich wissen.

Neun endlos lange Wochen musste ich ein Gipskorsett tragen, war nur um 0,8 Millimeter einer Querschnittslähmung und damit dem Rollstuhl entgangen. Alles, was mir während dieser Zeit im Kopf herumging, war die Angst, nie wieder besetzt zu werden.

Sobald es mir im Ansatz möglich war, begann ich eine Neuauflage meiner ganz persönlichen Sporttherapie. Jeden Tag fuhr ich Sitzfahrrad im Studio, ganz langsam und schonend, genau so, wie ich es auch schon meinem schwer lädierten Fuß hatte angedeihen lassen.

Unter Anleitung von Damian machte ich darüber hinaus auch physiotherapeutische Rückenübungen bis zum Abwinken. Eigentlich hatte mein Orthopäde mich ja schonend darauf vorbereitet, dass mein gebrochener Rückenwirbel mir ein Leben lang Schmerzen bereiten und ich deshalb körperlich immer beeinträchtigt sein würde. Denn in aller Regel lag genau das in der Natur eines gebrochenen Rückenwirbels. Nicht so in meinem Fall. Ein weiteres Mal konnte ich den Doc mit einem medizinischen Wunder begeistern. Auch um die Bruchstelle des betreffenden Wirbels hatte sich neue Knochensubstanz in Form eines perfekten Kallus gebildet. Mein regenerierter Fuß ließ grüßen. Das eröffnete mir nicht nur die Möglichkeit, zu einhundert Prozent beschwerdefrei zu werden, sondern auch wieder topfit. Da war es wieder, mein phänomenales Heilfleisch.

Allerdings hat der Heilungsverlauf auch dazu geführt, dass ich mich umso mehr in einen exzessiven Sportrausch hineingesteigert habe. Ich wollte mir und der Welt unbedingt beweisen, dass ich fitter war denn je, ging dafür dauerhaft an meine körperliche Belastungsgrenze. Damian ging mir dabei als dienstbarer Geist zur Hand. Muskelschmerzen waren mir höchst willkommen. Diese gaben mir den Kick und das Gefühl, lebendig zu sein, wovon ich nicht genug bekommen konnte. Ich manövrierte mich in eine Sucht hinein, die ich mir über Jahre nicht eingestehen wollte – Hauptsache penibel das Idealgewicht halten und sich an den eigenen Muskeln ergötzen. Ach ja, meinem „Fitnessguru" Damian wollte ich auch nacheifern.

Es gab eine harte Nuss zu knacken, an der ich schier verzweifelte, weil mich alle körperliche Anstrengung dabei nicht ein Stück weiterbrachte. Bis ins Jahr 2007 blieben annehmbare Rollenangebote aufgrund meines schweren Sturzes vom Pferd rar. Wie sollte ich der Filmbranche nur begreiflich machen, dass ich körperlich völlig genesen und fit wie ein Turnschuh war, demzufolge also kein Versicherungsrisiko für eine Produktion darstellte? Vor allem ließ ich mich in Manier eines Starlets oder It-Girls auf Filmpremieren und ähnlichen Veranstaltungen mit möglichst viel Blitzlichtgewitter sehen. Meine Rechnung schien aufzugehen, als das Magazin „Playboy" für ein Fotoshooting auf den Seychellen bei mir anklopfte. In der sechsten Ausgabe des Juni 2007 zierte ich schließlich nicht nur im „Eva-Kostüm" mitsamt aparter Würgeschlange und dem Leitspruch ‚Diese Frau liebt es gefährlich' das Playboy-Cover, sondern in der Rubrik ‚Doreen Dietel: Die schöne Wahl-Münchnerin ist genau die Frau, mit der man sich auf eine einsame Insel wünscht', fand sich zudem eine

Fotostrecke, die mich betont sportlich und akrobatisch in Szene setzte – vor allem mit biegsamem Rücken. Damit meldete ich mich mit einem Paukenschlag zurück.

In jenem Jahr bezog ich außerdem meine erste eigene Wohnung in München, nachdem ich vorher entweder in WGs oder mit Partnern zusammengelebt hatte.

Wer jetzt schon an ein Happy End denkt, Kommando zurück.

Da gab es ja noch immer den Personal Trainer Damian. Eine toxische Beziehung, die mir alles andere als guttat. Auch mit diesem Mann blieb ich gegen jede Vernunft zusammen, bis der Leidensdruck selbst für mich zu groß wurde. Kein „böser Junge" war das wert. Konkret war im Herbst 2007 Schluss, als ich nach drei erfolgreichen Casting-Runden die Zusage für eine der Hauptrollen in der Fernsehserie „Dahoam is Dahoam" erhielt. Die Dreharbeiten für die erste Staffel hatten sogar schon begonnen, als wir abends in unserer bevorzugten Cocktailbar saßen. Ich wollte gehen, um noch meinen Drehbuchtext zu lernen und hatte aus diesem Grund ohnehin kaum Alkohol getrunken. Aber Damian, der bereits angetrunken war, wollte partout den nächsten Cocktail bestellen.

»Du mit deiner Dreherei, du Angeberin. Doreen, die tolle Schauspielerin.«

Ich wollte nicht, dass es in einen sinnlosen Streit ausartete, also verließ ich die Bar. Doch er folgte und trat mir so brutal gegen den Oberschenkel, dass ich auf dem Gehweg zusammengebrochen bin. Wenn er angesoffen und frustriert war, ließ körperliche Gewalt gegen mich oft nicht lange auf sich warten.

144

»Ja, spinnst du jetzt komplett?!«, schrie ich ihn von rasenden Schmerzen getrieben an.

Sofort mischten sich Passanten ein, die ihn erbost zur Rede stellten.

»Ach, die ist Schauspielerin, die tut doch nur so«, spielte er sein Treiben ohne jede Reue herunter.

Ja, sicher doch, deswegen konnte ich auch nicht mehr richtig auftreten, geschweige denn laufen! Am nächsten Morgen durfte ich einen riesigen, tiefblauen Bluterguss an dem traktierten Oberschenkel mein Eigen nennen. - Wäre Damian immer so liebevoll und fürsorglich gewesen, wie während der Zeit meiner schweren Verletzungen, es hätte nicht besser laufen können. Doch wehe, wenn sich bei mir Erfolg einstellte und alles rund lief. Dann brachten ihn Neid, Eifersucht und Komplexe regelrecht um den Verstand.

Nach meinem Schlussstrich ging ich auch nicht mehr ins Fitnessstudio, sondern kaufte mir stattdessen einen Crosstrainer für die eigenen vier Wände.

Ich habe mir sogar eine Gitarre zugelegt und bei einem Lehrer Stunden genommen – ganze fünf an der Zahl! Die Fingernägel dafür extrem kurz zu lassen, wäre für die Darstellung meines Seriencharakters Trixi Preissinger ziemlich kontraproduktiv gewesen. Eine Kosmetikerin ohne vorzeigbare Fingernägel – na ja. Und dann noch dieses kribbelnde Taubheitsgefühl in den Fingerkuppen vom engen Greifen der Saiten, was so gar nicht nach meinem Geschmack war. Allerdings habe ich erst kürzlich wieder mit dem Spielen angefangen, einschließlich Gitarrenlehrer. Es braucht halt alles seine richtige Zeit.

Gute fünf Jahre bin ich Single geblieben – mehr oder weniger – bin ganz in meiner Arbeit als Schauspielerin aufgegangen.

Jenseits der Serienschauspielerin

Würde ich behaupten, es sei fünf Jahre lang ganz ohne Männer gegangen, so wäre das eine dreiste Lüge. Dafür genoss ich den Sex einfach zu sehr und war darüber hinaus nicht für die Einsamkeit gemacht. Was ich jedoch mit Nachdruck tat: Ich bewahrte mir meine Unabhängigkeit und meinen Freiraum, ließ keine Beziehung zu eng werden. Hier ein Beispiel, was ich konkret damit meine:

Im „H'ugo's", einer angesagten Pizza-Bar-Lounge in München, lernte ich einen Wolfgang kennen, der blendend aussah, mich zum Lachen brachte und sehr zuvorkommend behandelte. Nach der ersten gemeinsamen Nacht wollte er mich schon seinen Eltern vorstellen. Offenbar hatte ich nachhaltigen Eindruck hinterlassen. Wie sich beim gemeinsamen Besuch in seinem palastartigen Elternhaus – ja, richtig, das hatten wir schon mal – herausstellte, war Wolfgang der Sohn eines steinreichen Baulöwen. Gemäß dem Sprichwort „Gebranntes Kind scheut das Feuer", schwante mir schon nichts Gutes. Ein „gepamperter Warmduscher" wie Karl König reichte mir als Erfahrung vollkommen aus. Andererseits lag ich mit meinem Vorurteil vielleicht ganz falsch. Solange Wolfgang mich also nicht an die Kette legen wollte, sollte es mir recht sein.

Als zweiter Karl entpuppte er sich zwar nicht, ein Softie blieb er in meinen Augen dennoch. Es passte trotz aller beidseitiger Bemühungen einfach nicht zusammen – angefangen bei den viel zu weichen Händen, die offenkundig noch nie schwere körperliche Arbeit gesehen hatten, bis hin zu den während des Essens gedrehten und am Tellerrand abgelegten Brotkügelchen. Egal wann und wo dieser Mann auftauchte, zu jeder Zeit war alles an ihm akkurat und porentief rein, die wandelnde Perfektion. Im Grunde hätte nur noch das Pudern gefehlt. Es war die Gesamtheit solcher Kleinigkeiten, die es mir schwer machte. Seine erdrückende Galanterie und die sündhaft teuren Geschenke taten ihr Übriges.

Als Wolfgang zum Treffen im Biergarten einen Einrichtungskatalog anschleppte, konnte ich ihn nur entgeistert anstarren. »Was soll das denn jetzt?«

Euphorisch präsentierte er mir daraufhin verschiedene Lichtschalter und Dimmer für unser gemeinsames Haus.

Hatte ich mich gerade verhört? »Moment mal, ganz langsam jetzt. Wessen Haus?«

Ich hatte mich nicht verhört. Er wollte allen Ernstes ein Haus für uns bauen, mich sogar heiraten. Mann, war ich bedient. Als dann noch ausgerechnet ich, die ich sexuell gesehen kein Kind von Traurigkeit bin, wiederholt eine Migräne vortäuschte, um nicht mit ihm schlafen zu müssen, war das mein entscheidender Weckruf. Ich beendete diesen Irrtum, an dem keiner eine Schuld trug, am wenigsten Wolfgang.

Als ich ihm alle erhaltenen Geschenke zurückbrachte – worauf ich bestand, obwohl wir hier von einem Gesamtwert im fünfstelligen Bereich sprechen – erklärte ich mich mit ehrlichem Bedauern:

»Ich bin deiner nicht wert. Du bist ein toller, lieber Mann, aber ich kann dich nicht lieben. Es tut mir leid.«

Daraufhin betonte er, ich hätte ihm zwar das Herz gebrochen, doch es würde mich sehr ehren, dass ich die wertvollen Geschenke nicht einfach behielte. Nie und nimmer hätte ich das getan. Es ging darum, dass Wolfgang zu gut für mich und meine Bedürfnisse war, nicht um materielle Bereicherung. Andernfalls hätte ich mich nur selber beschämt. In diesem Geiste des gegenseitigen Respekts sind wir auseinandergegangen – nicht im Streit und ohne Groll.

Ich und die Männer – auch in jenen Jahren hatte das Thema viele Facetten. Wenn mir einer von denen dumm kam, konnte es um meine Gutmütigkeit auch schnell geschehen sein. So passiert, als ich einen Schauspielkollegen, dessen Luxuswagen in der Werkstatt stand, in meinem betagten VW Golf vom Drehort in Dachau nach München mitnahm. Wir befanden uns noch immer auf der Landstraße – kurz vor der Autobahnauffahrt – als er meinte, sich abfällig äußern zu müssen:

»Schon peinlich, in deiner Karre mitzufahren. Kauf dir mal ein gescheites Auto.«

Ich war von diesem snobistischen Gefasel komplett bedient: »Wieso das denn?!«

Anstatt die Zeichen zu erkennen und zurückzurudern, schlug er weiter in dieselbe Kerbe.

Auch gut, also steuerte ich die nächste Haltemöglichkeit an.

»Steig mal aus, irgendwas stimmt an dem Auto nicht.«

Das tat er, woraufhin ich ohne ihn weiterfuhr, wobei die Beifahrertür hilfreich von selbst zuging. Als er mich gleich darauf per Handy anrief und stinksauer fragte, ob ich komplett spinnen würde, fiel meine Antwort ebenso cool wie konsequent aus: »Wenn es dir peinlich ist, in meinem Auto mitzufahren, musst du eben laufen.«

Meinem Wesenszug als Chaotin blieb ich selbstredend auch treu. Weil das so war, perfektionierte ich beispielsweise meine Fertigkeiten als Fassadenkletterin, insbesondere als Mieterin eines Apartments mit Dachterrasse im ersten Stock und kombiniertem Wohn- und Küchenbereich.
Herausstechend war eine Aktion im Sommer.

Wie es für mich bei warmer Außentemperatur typisch war, bestand meine ganze Bekleidung aus Herren-Ripp-Shirt und knappem Slip.

Die Terrassentür stand weit offen, um die Kochgerüche zu reduzieren.

Nebenbei brachte ich schnell den Müll raus, also bis zu einem Müllschlucker auf der Etage. Das Ziel war noch nicht ganz erreicht, da knallte die Wohnungstür mit einem Rums zu – verdammter Durchzug! Ich mit fast blankem Hintern auf dem Gang draußen, in der Pfanne drinnen das brutzelnde Steak – eine schnelle Lösung musste her. Gewöhnlich waren mir Einzelhändler in der Passage unten mit einer Leiter gefällig, wenn ich mich aussperrte. Doch nicht an diesem Tag, denn es war Wochenende und die Geschäfte schon geschlossen.

Was mir zu tun übrigblieb, war das Restaurant direkt unter meiner Wohnung zu betreten und bis zum

Ausschank zu eilen – unter den verzückten Blicken der wenigen, meist männlichen Gäste.

Bevor ich mich überhaupt erklären konnte, reagierte der entgeisterte Angestellte: »Aber Sie haben ja kaum was an.«

Im Handumdrehen brachte er mir was zum Drüberziehen – Kochkittel, Kellnerhemd oder so was in der Art. Als Nächstes gingen wir mit einer Leiter bewaffnet nach draußen, und ich kletterte vor seinen staunenden Augen zunächst auf das gläserne Vordach des Restaurants und von dort aus weiter bis auf meine Terrasse. Wie gut, dass ich sportlich topfit war, ansonsten hätte ich in die Röhre geschaut. Zum Glück stand die Terrassentür ja offen, sodass ich den Herd bis auf Weiteres ausschalten konnte. Warum? Na, um mich vernünftig anzuziehen und die textile Leihgabe zurückzubringen. Das Steak war in der Zwischenzeit ohnehin hoffnungslos verbrannt.

Es schien so, als hätte mich die Herrenriege an einem der Tische schon sehnsüchtig erwartet. Jedenfalls wurde ich herzlich eingeladen, mich dazuzugesellen. Was soll ich sagen, es wurde noch ein lustiger Abend.

Eine sehr spezielle Disconacht möchte ich an dieser Stelle auch nicht unerwähnt lassen. Genau genommen geht es darum, was geschehen ist, als der eigentliche Spaß bereits vorbei war und ich frühmorgens – Bäcker und Zeitungsladen hatten bereits geöffnet – mit einem Taxi zu Hause vorfuhr.

Ich trug neben High Heels ein kurzes Top und untenherum einen edlen, dunkelblauen Baumwollstoff – eigentlich nur zusammengehalten von einem Knoten an der

Hüfte, was wiederum für einen raffinierten Schlitz an der Seite sorgte.

Todmüde und entsprechend geistesabwesend bekam ich nicht mit, wie der knöchellange Rock sich in der Wagentür verklemmte. Das Taxi fuhr los und mit ihm der wehende Stoff. Panisches Hinterherrufen brachte gar nichts, der Fahrer hörte mich offenbar nicht. Noch ein pikantes Detail dazu: Ich trug keine Unterwäsche! - Mit der Handtasche vor meinem „Allerheiligsten" stöckelte ich wie ein unfreiwilliger „Flitzer" durch die Passage, die mir plötzlich endlos lang erschien, bis zu meiner Haustür. Herrje, was war mir das peinlich. Ich konnte nur hoffen, dass mich nicht allzu viele Leute in meinem „Evakostüm" gesehen und erkannt hatten.

Dass sich meine Gedankengänge gerne sprunghaft neuen Themen zuwenden und ich das Vorherige dabei auch schon mal aus dem Blick verliere, bescherte mir sogar schon Besuch von einer Polizeistreife – an einem Sonntag. An der Wohnungstür erklärten mir die beiden Beamten, dass mein Auto offenstehen würde, was mich noch nicht aus der Fassung bringen konnte:

»Da klaut keiner was, das steht öfter mal offen.«

»Ja, Frau Dietel, aber das können Sie so nicht lassen«, blieb der Streifenführer unnachgiebig.

Ich verstand beim besten Willen nicht, weshalb eine unverschlossene Wagentür ein Problem darstellen konnte.

»Wieso denn nicht?«

Anstatt weitere Erklärungen zwischen Tür und Angel abzugeben, bat er mich mitzukommen, womit er vollkommen recht hatte. Ich traute meinen Augen nicht. Von wegen nicht abgeschlossen – die Heckklappe meines VW Golf stand sperrangelweit offen! Und das seit nunmehr zwei Tagen, denn am Freitag war ich zuletzt vom Set heimgekommen. Staubsauger und Bohrmaschine – neu gekauft und noch verpackt – hatte niemand angetastet.

Ich kann es gar nicht oft genug betonen: Mein Schutzengel war und ist ein viel beschäftigtes Wesen.

Ein Obdachloser
der ganz besonderen Art

Ein weiterer Mann trat in mein Leben und bereicherte es, doch auf ganz andere Weise, als Ihr wahrscheinlich vermutet. Dieses liebenswerte, belesene Original namens Jakob lief mir erstmals im Winter über den Weg, gerade als ich früh morgens zum Set musste und ein Schneesturm mein Auto eingeschneit hatte. Während ich noch wild vor mich hin fluchte, hörte ich jemanden mit kratziger Stimme zu mir sagen:

»Hey, servus. Los komm, ich helfe dir.«

Ich war so perplex, dass meine Wut sich augenblicklich verflüchtigte. Schon hielt der durchaus attraktive Endvierziger mit schönen Haaren und männermäßig großen Händen einen kurzen Besen plus Schaufel in der Hand und machte sich ans Werk.

»Grüß dich, Jakob, angenehm«, legte er nach, und seine unbeschwert herzliche Art wirkte regelrecht entwaffnend.

»Guten Morgen, ich bin die Doreen.«

»Doreen, freut mich.«

Mir war so, als hätte ich ihn schon das eine oder andere Mal mit Glühwein oder sonst irgendwelchen dampfenden Getränken in der Hand herumlaufen und in Gespräche vertieft gesehen. Mit der umgehängten Decke und dem mitgeführten Einkaufswagen – angefüllt mit allerlei Dingen verschiedenster Art – handelte es sich bei ihm unübersehbar um einen Obdachlosen. Trotzdem wirkte er von Kopf bis Fuß sehr gepflegt und zufrieden. Aber keine Zeit, weiter über diesen Widerspruch nachzudenken oder ein längeres Gespräch zu führen, ich musste dringend los. Bei meiner Rückkehr am Abend liefen wir uns prompt wieder über den Weg.

»Hey, Doreen, grüß dich«, empfing er mich mit überschwänglichen Worten, wie es so seine Art zu sein schien.

Ich tat es ihm gleich: »Hey, Jakob.«

Er zeigte sich umso begeisterter: »Cool, du hast dir meinen Namen gemerkt.«

»Du dir meinen doch auch«, grinste ich zurück.

Es entwickelte sich eine wunderbare Freundschaft. Wenn wir uns draußen begegneten, wurde geplauscht und gescherzt, nicht selten gingen wir gemeinsam spazieren. Dabei beeindruckte mich sein heller Verstand immer wieder aufs Neue. Ich behaupte mal, hinsichtlich Intelligenz und Allgemeinbildung steckte er Otto Normalverbraucher locker in die Tasche.

Regelmäßig wurde Jakob vom Bäcker, Lebensmittel- sowie Gemüsehändler im Kiez mit Nahrungsmitteln versorgt – aussortiert aber noch völlig in Ordnung – und ließ es sich nicht nehmen, mit mir zu teilen.

»Hier hab ich was zu essen, jetzt können wir Party machen«, scherzte er gerne.

Einmal erzählte ich ihm, mir am Abend einen Boxkampf im Fernsehen ansehen zu wollen, weil ich Boxen und Klitschko cool fände. Schon gab er seinen Senf dazu:

»Ja, wenn ich Klitschko heißen würde, wäre ich auch cool.«

Herzhaft lachen musste ich auch, als Jakob abrupt stehen blieb, weil am Boden eine halb aufgerauchte Kippe lag, was er wie folgt kommentierte:

»Halt, stopp! Trinkgeld auf der Straße, da kann ich als gute Hausfrau nicht dran vorbeigehen.«

Wenn wir gemeinsam durch die Gegend flanierten, starrten uns die Leute oft an – ich manchmal schön herausgeputzt, um anschließend zu irgendeiner Veranstaltung zu fahren, wohingegen er seinen Einkaufswagen schob und die altersschwache Decke umgeworfen hatte.

»Schau mal, wie die gucken«, rutschte es mir einmal heraus.

Die souveräne Antwort ließ nicht lange auf sich warten:

»Ja klar, die sind neidisch. Wenn ich die wäre, wäre ich auch neidisch.«

Natürlich fragte ich ihn auch, wo er denn nun eigentlich zu schlafen pflegte. Dafür hatte er eine bestimmte U-Bahn-station auserkoren, weil es dort warm und halbwegs sicher war. Außerdem gab es wohl zudem die Möglichkeit, auf Toilette zu gehen und sich ordentlich zu waschen. Und tatsächlich, unangenehmen Körpergeruch habe ich an ihm nie wahrgenommen, was bei meiner empfindlichen Nase schon was heißen wollte.

Oft haben wir uns zugewunken, wenn er an meinem Wohnhaus vorbeikam. Ab und zu habe ich sogar Klamotten von ihm mitgewaschen und er durfte gelegentlich bei mir duschen oder sogar auf der Couch übernachten, wenn die Wetterverhältnisse extrem waren.

Dabei kam es nie zu unschönen Zwischenfällen, ganz im Gegenteil, Jakob war sehr vertrauenswürdig, rücksichtsvoll und zurückhaltend, fast schon scheu – eine wertvolle, platonische Freundschaft.

Weshalb Jakob überhaupt auf der Straße lebte? Kurz gesagt, er war ein Aussteiger, der das selbstbestimmte, freie Leben ohne gesellschaftliche Verpflichtungen, Zwänge und Druck vorzog und damit glücklich war. Nicht einmal einen Ausweis führte er bei sich. Jeder im Kiez kannte und mochte ihn, weil er stets freundlich, unaufdringlich und hilfsbereit war. Ich habe diesen Mann nie betteln sehen. Stattdessen hat er gerne kleine Arbeiten übernommen – Obst sortieren hier, vor dem Laden kehren da, Autos freischaufeln dort. Auf die Art stand er nie ohne Bargeld da. Informiert hat er sich dank Taschenradio und abgelegter Zeitungen, war stets auf dem Laufenden.

Als Jakob plötzlich wie vom Erdboden verschwunden war, machte ich mir ernsthaft Sorgen. Im Kiez wusste niemand etwas Genaueres. Daraufhin klopfte ich sogar die Krankenhäuser der Umgebung ab – ohne Erfolg. Was mich jetzt beunruhigte, war die Möglichkeit, er könnte vielleicht von der Polizei kassiert worden sein. So abwegig war der Gedanke gar nicht. Immerhin hatte die Justiz ihn schon mal in den Schwitzkasten genommen, nur weil er über einen Privatzaun geklettert war, um ein interessantes Fundstück zu bergen. Meine Maskenbildnerin, die ihn von meinen Erzählungen mittlerweile auch schon kannte und gute Kontakte zur JVA Stadelheim hatte, wollte sich für mich schlau machen. Volltreffer, genau dort war er gelandet. Telefonisch war nichts auszurichten, also schrieb ich einen Brief und erwirkte so eine Besuchserlaubnis – nebenbei gesagt ein unsäglicher Akt. In einem Raum durften wir uns schließlich gegenübersitzen und immerhin die Hände drücken.

»Mensch, Doreenilein, alles klar?«, reagierte Jakob gewohnt überschwänglich.

Er betrachtete das Ganze offensichtlich nicht als Beinbruch. Ja, okay, er wurde gut versorgt, und ihm stand eine Bibliothek zur Verfügung. Aber Gefängnis?! Meine Wiedersehensfreude war jedenfalls arg getrübt:

»Du Arsch, was machst denn du?! Warum bist denn du hier?!«

Von seiner Schilderung blieb mir glatt die Spucke weg. Gezecht an der „Münchner Freiheit" bis früh morgens, hatte er sich demnach anschließend ein altes Fahrrad ausgeliehen – welches wohl am Boden gelegen hatte und zudem nicht angeschlossen gewesen war – um schnellstmöglich seinen Schlafplatz zu erreichen und es am nächsten Morgen zurückzubringen.

Auf dem Weg zurück zum Fundort hatte ihn dann eine Polizeistreife angehalten. Kein Ausweis, dringender Verdacht auf Diebstahl – so schnell konnte es gehen. Seinem Pflichtverteidiger habe ich mich dann als Leumundszeugin zur Verfügung gestellt und vor Gericht eine Lanze für Jakob gebrochen. Das kam so überzeugend an, dass das Urteil auf Freispruch lautete. Mit anderen Worten: Ich habe meinen Freund rausgeboxt und durfte ihn noch am selben Tag mitnehmen.

Was mich unmittelbar nach dem Gerichtsurteil dennoch schockierte, das war eine Juristin in schwarzer Robe, die mich mit den Worten ansprach: »Warum tun Sie sich das eigentlich an? Sie sind doch prominent, warum kümmern Sie sich um einen Penner von der Straße?«

Nachdem ich dieser Person unmissverständlich mitgeteilt hatte, was ich von ihrer Haltung hielt und dass es sie zudem einen feuchten Schmutz anging, fuhr ich mit Jakob Shoppen. Ein paar neue Klamotten würden ihm gut zu Gesicht stehen. Vor allem aber war er mir dankbar dafür, ihm vor Gericht zur Seite gestanden zu haben.

Als ich Tobi kennen- und lieben lernte – auf ihn komme ich im nächsten Kapitel zu sprechen – und nachdem sich beide Männer kennengelernt hatten, gestand mir wiederum Jakob seine Liebe, sogar in Form eines sehr langen, wundervollen Briefes. Es waren tiefe Gefühle, die ich so nicht erwidern konnte. Daraufhin tauchte er ab und meldete sich nie wieder bei mir. Wie ich von anderen erfahren habe, ist er wohl in seine eigentliche Heimatstadt zurückgekehrt.

Zu jener Zeit war ich Gast in der Talkshow „Unter vier Augen" des Bayerischen Rundfunks, um über mein Leben und Wirken zu sprechen. Noch immer stand ich unter dem Eindruck der Gerichtsverhandlung. Aufgrund dessen erzählte ich auch davon und von meiner ungewöhnlichen Beziehung zu Jakob, was die Moderatorin Sabine Sauer augenscheinlich besonders faszinierte. Bis heute muss ich an ihn denken, ertappe mich dabei, dass er mir manchmal fehlt – wie es halt so ist, wenn man jemanden in sein Herz geschlossen hat. Dieser Mann hat mich mit seiner positiven Lebenseinstellung voller Humor und Selbstvertrauen mehr aufgefangen als ich ihn, und das war weit mehr wert als unbedeutende Äußerlichkeiten oder die Lebensumstände.

Der wichtigste Mann
auf meinem Weg

Seit der ersten Folge im Jahr 2007 spielte ich nun schon die Beatrix Preissinger, kurz „Trixi", in der beliebten Fernsehserie „Dahoam is Dahoam" des Bayerischen Rundfunks. Nie war ich krank ausgefallen oder hatte mich verspätet, immer stand ich auf Abruf bereit, falls und wenn kurzfristig der Drehplan geändert werden musste. Kurzum, seit über fünf Jahren war ich mit Herzblut dabei und gab mein Bestes, quasi rund um die Uhr. Ich verdiente gutes Geld, hatte mit meiner Hauptrolle einen relativ sicheren Job und ging in dem dargestellten Charakter voll auf. Man kann auch sagen, mein ganzes Leben plätscherte gleichförmig dahin.

Genau in dieser Phase erhielt ich einen Kontaktvorschlag von dem sozialen Medium Facebook, was eigentlich nur das Ergebnis irgendeines seelenlosen Algorithmus war. Weiß der Himmel, aus welchem Impuls heraus ich draufgeklickt habe. Der Mann auf dem Foto war sehr attraktiv, keine Frage, und vermutlich hielt ich den erhaltenen Vorschlag für eine Freundschaftsanfrage seinerseits. Aber das ist im Grunde auch egal.

Fakt ist, dieser Typ namens Tobias antwortete mit dem Hinweis, er würde normalerweise keine Freundschaftsanfrage von jemandem annehmen, den er nicht bereits persönlich kannte. Auch gut, dachte ich mir noch gleichmütig, auf meinem Mist war das Ganze ja eh nicht gewachsen. Aber es gab noch einen Nachsatz, nämlich, dass er jetzt einfach mal neugierig sein wolle.

‚Neugierig oder mutig?', kommentierte ich und war damit schon beim aufregenden Spiel zwischen Mann und Frau angekommen. Es wurde viel hin und her geschrieben und schnell auch die Nummern ausgetauscht. Während des ersten Telefonats am 30. Dezember 2012 konnten wir uns der gegenseitigen Magie nicht mehr entziehen. Ich war von seiner leicht heiseren Stimme genauso fasziniert wie er von meiner.

»Ich will dich jetzt unbedingt noch im alten Jahr treffen«, tat er den alles entscheidenden Schritt.

Vom Foto her wusste ich ja schon, dass es sich um einen verdammt gutaussehenden Mann handelte, was geradezu nach der nächsten Enttäuschung schrie. Verunsicherung hin oder her, wir befanden uns kurioserweise gerade nur etwa 500 Meter voneinander entfernt.

»Okay«, übernahm ich das Kommando, »mein Handy macht jeden Moment schlapp, und das Ladekabel habe ich am Set vergessen. Ich laufe jetzt die Leopoldstraße runter, du läufst sie rauf, wir treffen uns irgendwo in der Mitte und sagen hallo.«

So machten wir es, und als er endlich vor mir stand und »Hi« sagte, spürte ich die berühmt-berüchtigten Schmetterlinge im Bauch.

»Hi, schöne Stimme«, gelang mir trotzdem noch eine schelmische Begrüßung.

Stundenlang sind wir dann gemeinsam durch München flaniert, bis wir uns spätabends im dunklen Englischen Garten wiedergefunden haben. Was war das nur für ein

Typ, dass ich alles um mich herum inklusive meines „Katers" vom Abend zuvor komplett vergessen hatte? Meine glorreiche Idee, ihn noch bis zu seiner Wohnung zu begleiten, lehnte er entschieden ab:

»Nein, so fangen wir gar nicht erst an. Ich bringe dich nach Hause.«

Wow, von diesem Satz war ich total geflasht: ‚So fangen wir gar nicht erst an.' – Vor meiner Haustür angekommen, küssten wir uns zum Abschied nicht etwa auf den Mund, sondern fast schon verschämt seitlich auf den Hals. Auf den Hals – hallo?! Konnte ein Kuss auf den Hals überhaupt verschämt sein? So, wie ich darauf reagierte, wohl eher nicht. Eine geschlagene Stunde habe ich wie eine Salzsäule auf der Couch gesessen, ohne mich wenigstens der dicken Winterklamotten zu entledigen. Amors Pfeil hatte mich mitten ins Herz getroffen. Ich war verliebt.

Gleich am 01. Januar – Silvester hatte er traditionsgemäß mit der Familie verbracht – besuchte er mich und blieb über Nacht, bevor ich zu meiner längst gebuchten, dreiwöchigen Ayurveda-Kur abgereist bin. Schlechtes Timing, könnte man meinen, doch so war es nicht. In jenen drei Wochen sind wir erst richtig zusammengekommen, und unsere Liebe trieb Blüten. Wozu gab es schließlich moderne Kommunikationswege und die Vorfreude? Oh ja, und wie das klappte! Ich kam zurück und war sieben Monate später schwanger.

Die letzten sieben Jahre über war meine Periode bis auf wenige Ausnahmen ausgeblieben, mein Körper nicht zur Empfängnis bereit, weil die sportlichen Aktivitäten an der Grenze zum Extremsport den gesamten Hormonhaushalt dahingehend beeinflussten, wie meine Frauenärztin mir schon früh bescheinigt hatte. Mir war es egal, ich wollte ohnehin keine Kinder. Außerdem konnte ich sehr gut ohne Monatsblutung auskommen.

Und dann trat Tobi in mein Leben. Ich kam von meinem krassen Sporttrip runter, nahm drei oder vier Kilo zu und urplötzlich setzte meine Regel wieder ein. Ein Grund zur Beunruhigung? Zu meiner Ärztin konnte ich wegen Betriebsferien nicht gehen, also spekulierte ich einfach mal darauf, dass es sich um eine dieser seltenen Ausnahmen handelte.

Wie es schien, sollte ich recht behalten, denn im Monat darauf behelligte mich keine Menstruation. Ich sah weiterhin keinen Grund darin, auf die Pille zu setzen.

Der gemeinsame Sommerurlaub stand vor der Tür, und wir genossen die paradiesische Zweisamkeit in der Ferne mit allem was dazugehörte. Tja, und dann begann ich nochmals zuzunehmen. Ich fühlte mich auch irgendwie anders – nicht schlechter, nur anders. Es war im September 2013, als ich mehr auf Drängen einer Kollegin denn aus Überzeugung einen Schwangerschaftstest machte. Morgens um sechs habe ich auf diesen Teststreifen gepinkelt und bin gleich im Anschluss wieder schlafen gegangen. Als Nächstes drang Tobis Stimme aus dem Badezimmer an mein Ohr:

»Du sag mal, da liegt so ein Streifen auf dem Waschbecken.«

»Was ist denn da drauf zu sehen?«, wollte ich verschlafen wie ich war wissen.

»Zwei rote Striche.«

Schon saß ich kerzengerade und hellwach im Bett.

»Scheiße!«

»Was ist denn los?«, fragte er besorgt nach, als er vor mir auftauchte.

Meine Panikattacke wollte gar nicht mehr nachlassen: »Tobi, wir müssen abtreiben! Bitte, bitte, wir müssen unbedingt abtreiben!«

Er versuchte mich zu beruhigen, wollte immer wieder wissen, was genau denn nun eigentlich los sei.

»Was los ist?! Ich bin schwanger, das ist los!«

Noch am selben Vormittag standen wir bei meiner Frauenärztin auf der Matte, die das Offensichtliche bestätigte. Ich brach in Tränen aus, heulte Rotz und Wasser, worauf sie für meinen Geschmack viel zu abgeklärt reagierte:

»Nun entspannen Sie sich mal. Seien Sie froh, das ist ein richtig schönes, befruchtetes Ei. So richtig vorbildlich.«

Na die hatte gut reden. »Ich werde demnächst 40, Mensch, und bin mit meinem Typen erst ein paar Monate zusammen!«

Tobi, der meine Verzweiflung mitsamt den ungefilterten Worten hautnah miterlebte, war seinerseits fix und fertig, nur aus anderen Motiven.

Schon bekniete er mich, das Baby doch zu bekommen, er wolle unbedingt Vater werden.

Jetzt fing der auch noch an! Ich fühlte mich eingekreist und überfahren.

»Lass mich damit in Ruhe! Ich will nicht Mutter werden, verdammt!«

Nur einen Tag später änderte ich meine Meinung radikal. Aber um das zu verstehen, muss ich erst das Warum erklären, wofür ich wiederum etwas ausholen und in der Zeit zurückgehen muss:

Alles begann damit, dass ich mal wieder außerplanmäßig zum Set gerufen wurde, um dort einzuspringen. Ich hatte gerade unter der Dusche gestanden und hetzte dementsprechend zum Auto, um nicht noch mehr Zeit zu verlieren. Beim Ausparken touchierte ich ein anderes Auto. Nichts Dramatisches eigentlich, zumal ich meine Autogrammkarte mitsamt handschriftlich ergänzter Telefonnummer hinter den Scheibenwischer klemmte und gegebenenfalls einen Zeugen für den ganzen Sachverhalt aufbieten konnte, der anstatt meiner mit der Polizei hätte sprechen können.

Angezeigt wurde ich dann von einer unbeteiligten Nachbarin, die das Denunzieren schon seit längerem zu ihrem Hobby erklärt hatte. Es kam zu einer Verhandlung wegen Fahrerflucht. Wahrheitsgemäß gab ich an, in bester Absicht gehandelt zu haben, als ich aufgrund des aus meiner Sicht geringen Schadens meine persönlichen Daten vor Ort hinterlassen habe. Doch weder das, noch meine Entschuldigung oder der angeführte Zeuge konnten das Gericht vollständig besänftigen.

Dummheit schütze vor Strafe nicht, hieß es dazu, jedoch wurde das geforderte Strafmaß von 4.000 auf 2.800 Euro reduziert. Die wollte ich aber nicht bezahlen, sondern stattdessen lieber Sozialstunden leisten. Das sorgte für reichlich Verblüffung und ein Raunen im Saal.

Anwesend war neben Juristen, sonstigen Beteiligten und Zuschauern auch die Presse. Es wurde nachgefragt, ob ich das Geld nicht hätte, woraufhin ich angab, das Geld grundsätzlich zu haben, jedoch nicht so viel, um es auf die Art mal eben herzugeben. Das sorgte für noch mehr allgemeine Irritation. Ich blieb dabei, meine auferlegte Strafe lieber

abarbeiten zu wollen. Und so warteten auf mich 80 Sozialstunden.

Wie nicht anders zu erwarten, stand in der Presse ganz im
Dienste der Sensation zu lesen, Doreen Dietel hätte
Geldsorgen und Ähnliches mehr. Die hatte ich definitiv
nicht.

Für meinen Dienst am Gemeinwohl wählte ich eine
Institution aus, die behinderte Kinder betreute und geriet
dort gleich am ersten Tag – einen Tag, nachdem ich von
meiner Schwangerschaft erfahren hatte – an eine Betreuerin,
die ausgesprochen böse und rücksichtslos mit ihren Schutz-
befohlenen umging. Es tat mir sehr weh, das zu sehen, denn
diese Kinder waren extrem liebes- und hilfebedürftig. Das
Erlebte löste einen entscheidenden Impuls in mir aus. Kaum
zu Hause angekommen, überraschte ich Tobi mit meinem
Sinneswandel:

»Tobi, ich will unser Kind haben. Wenn es gesund ist, will
ich es haben.«

So viel zu meiner radikalen Meinungsänderung. Eine
größere Freude hätte ich ihm nicht bereiten können.

Den obligatorischen Termin zur Abtreibungsberatung hatte
ich schon, also rief ich dort an und teilte mit, das Baby nun
doch bekommen zu wollen.

»Ja, was jetzt, wollen Sie Ihr Kind nun oder nicht?!«,
ranzte mich eine übellaunige Mitarbeiterin an.

»Ja, geht's noch?! Seid doch froh, dass ich den Termin
absage!«, schoss ich im selben Ton zurück.

Die Institution für meine Strafableistung wechselte ich
außerdem, beschäftigte mich aber nach wie vor mit behin-

derten, wenn auch erwachsenen Menschen. Dort investierte ich deutlich mehr Zeit, als die noch zu leistenden Sozialstunden, agierte somit also schließlich ehrenamtlich. Bis in den fünften Monat hinein bin ich dabeigeblieben. Ich konnte viel geben, und die gesammelten Erfahrungen taten auch mir gut. Dadurch habe ich jegliche Berührungsängste und Vorbehalte gegenüber behinderten Menschen abgelegt, ob nun mit Down-Syndrom, annähernd bewegungsunfähig im Rollstuhl oder in anderer Form. In diesem Geist erziehe ich auch meinen Sohn.

Apropos, meine Schwangerschaft verlief durchweg gut, gänzlich frei von Komplikationen oder Übelkeit. Mein Tobi machte sich als angehender Vater auch ganz großartig, war liebevoll, fürsorglich und geduldig. Ungemach kam dafür von meiner Mutter. Wenige Tage, nachdem ich von meiner Schwangerschaft erfahren hatte, rief sie mich aus Anlass meines Geburtstags an, um zu gratulieren und bei der Gelegenheit etwas zu plaudern. Nur war mir das nicht möglich, weil ich gerade vor Rührung und Glück auf Wolke sieben schwebte. Tobi hatte liebevoll den Frühstückstisch gedeckt und ein bezauberndes Gedicht geschrieben, dazu lief das Musikstück „Ohne dich" von Peter Maffay. Besonders die Textpassage ‚Was wäre ich ohne dich, du vervollständigst mich', rührte mich zu Tränen. Ich erlaubte mir also, meine Mama auf einen etwas späteren Rückruf zu vertrösten, weil in diesem intensiven Moment einfach nur Platz für meinen Sohn und meinen Mann war. Ihr Verständnis dafür war trotz Erklärung gleich null. Sie legte beleidigt auf, zog es vor, mich die restliche Schwangerschaft über weitgehend zu ignorieren.

Hätte ich keinen Versuch unternommen, ihr von der Geburt des Enkels zu berichten, die sture und nachtragende Seite an ihr hätte womöglich den endgültigen Bruch zwischen uns bedeutet. Ja, meine Mama hatte nach wie vor ein ziemlich ambivalentes Verhältnis zum Thema Warmherzigkeit und Empathie. Manchmal war es schon sehr verwirrend, wie viel uns unterschied.

Viel unkomplizierter war von Anfang an das Verhältnis zwischen ihr und meinem Sohn Marlow. Für ihren Enkel war und ist sie durchweg eine liebevoll herzliche Großmutter. Er liebt seine Omi heiß und innig. Zwischen die beiden passt kein Löschblatt, und das freut mich sehr.

Wie viel Liebe gepaart mit Familiensinn meine Mutter trotz ihrer oft spröden Art tatsächlich auch mir entgegengebracht hat, dafür stehen beispielhaft die 13 Umzüge während meiner Münchener Zeit. Jedes Mal waren meine Eltern wie ganz selbstverständlich vor Ort, kamen extra aus Deggendorf zu mir – immer mit selbstgebackenem Kuchen bewaffnet – um von morgens bis abends mit anzupacken und mich zu entlasten. Was meine Mama dort unermüdlich geputzt und gewienert hat – einfach unglaublich und toll!

Wann immer sie Marlow und mich seit unserem Umzug an den Tegernsee dort besucht, wird auch mein Restaurant-Bistro auf Hochglanz poliert, selbst wenn es gar nicht notwendig ist. Das hat schon fast etwas Rituelles. Bei ihr gibt es kein Stillsitzen und Nichtstun. Sie braucht produktive Beschäftigung. Oh ja, in der Hinsicht sind Mutter und Tochter sich sogar mal sehr ähnlich.

Auch meine Mama kennt den harten Kampf gegen innere Dämonen nur zu gut. Tatsache ist, in den letzten Jahren hat ihre sanfte, zugängliche Seite auch mir gegenüber immer mehr die Oberhand gewonnen. Ich weiß genau, was es heißt, sich seinen Schwächen ehrlich zu stellen, an sich zu arbeiten, sich zu ändern. Sie hat es getan. Deshalb bin ich besonders stolz auf sie.

Selbst während der Schwangerschaft drehte ich für „Dahoam is Dahoam" weiter. Insgesamt fiel ich lediglich acht Wochen aus, ausschließlich im Zusammenhang mit Schwangerschaft und Mutterschaftsurlaub. Anschließend hieß es: am Set konzentriert drehen, nebenbei das Baby stillen, privat für zu Hause einkaufen, Wäsche waschen, Wohnung putzen. - Ja, wirklich, ich nahm den Kleinen mit ans Set. Stand ich gerade vor der Kamera, passte jemand aus der Ersatzfamilie auf – Maskenbildnerin, Requisiteur, helfende Hände waren immer zur Stelle. Das klappte ganz wunderbar. Ich liebte es, all das gleichzeitig stemmen zu müssen und zu können. Mama zu sein und die grenzenlose Liebe zu meinem Sohn, von ihm so sehr gebraucht zu werden, all das beflügelte mich. Ich fühlte mich aufgewertet wie noch nie und mobilisierte unglaubliche Kräfte.

Auch wenn Tobi sehr dazu beitrug, mein Suchtverhalten in puncto exzessive sportliche Betätigung und Essstörung einzudämmen, so wurde ich doch erst durch meine Schwangerschaft kuriert. Die Verantwortung für das heranwachsende Leben wog schwerer als alle Ängste und jeder Selbstbetrug.

Und dann war unser „Pünktchen" da, bildhübsch und gesund, im Mai 2014. Tobi hatte ihn erstmals beim Baby-

Ultraschall so genannt. Dabei blieb es bis zur Namensfindung beziehungsweise Geburt. „Marlow" sollte unser Sohn von nun an heißen. Daneben machte ich bis zu seinem vierten Lebensjahr „Babymaus" zum Kosenamen. In einem fließenden Übergang wurde daraus „Mäusekuchen". Frag mich mal einer warum, ich habe keine Ahnung. So nennen wir beide ihn noch immer, unseren „Mäusekuchen".

Marlow ist mein Sonnenschein. Hinsichtlich Charakter, Marotten und Talenten ist er mir jetzt schon so ähnlich, dass es mir manchmal die Sprache verschlägt. Also, den hat auf der Geburtsstation niemand vertauscht.

Einziger Wermutstropfen sind meine permanenten Verlustängste, dass ihm irgendetwas zustoßen könnte. Ein Preis, den grundsätzlich natürlich jede Mama zahlen muss. Allerdings ist die Mutter-Kind-Bindung zwischen mir und meinem Sohn besonders intensiv. Selbst aus der Distanz spüre ich sofort, wenn es ihm nicht gutgeht – schon irgendwie spooky. Eine Helikoptermutter bin ich deshalb noch nicht, jedenfalls hoffe ich das, aber wohl schon ziemlich nahe dran.

Wie kam es nun aber zum Vornamen „Marlow"?

Zunächst einmal, nein, Tobi und ich sind keine Fans der Romanfigur Philip Marlowe, auch wenn diese von großen Schauspielern wie Humphrey Bogart, Robert Mitchum oder James Garner cineastisch zum Leben erweckt worden ist. Klar war anfangs nur, dass ich unbedingt einen Namen mit „M" wollte und bitteschön keinen Allerweltsnamen. Gestolpert bin ich erst über „Malo", was im Spanischen aber „schlecht" bedeutet – und wer will das schon. Besonders Tobi winkte sofort ab.

Ihm ist dann auf dem Nachhauseweg vom Krankenhaus durch den Englischen Garten als Alternative „Marlow" in den Sinn gekommen. Beim weiteren Recherchieren stellte sich heraus, dass das wohl unter anderem „Hügel am See" bedeutet.

Irgendwie poetisch und mit schönem Klang, außerdem hatte Tobi seine familiären Wurzeln am Tegernsee. Ganz klar, dieser Vorname sollte es sein.

Ein tiefer Einschnitt – Der Fall „Dahoam is Dahoam"

Hinter den Kulissen von „Dahoam is Dahoam" ging es über die Jahre nicht immer harmonisch zu – jedenfalls was meine Person anging. Echte Anerkennung erfuhr ich selten, eher war es ein Halten an der kurzen Leine, gewürzt mit Verunsicherung. Mal wurde das sprichwörtliche Haar in der Suppe gesucht, was mein Rollenspiel anging, mal ging es um das zukünftige Schicksal der von mir darzustellenden „Trixi". Dabei gewann ich vor allem den Eindruck, dass es nicht so sehr um konstruktive Kritik oder echte Erfordernisse der Produktion ging, sondern mehr um persönliche Befindlichkeiten. Hinzu kam, dass ich parallel erst nur wenig, später dann gar nichts anderes mehr drehen durfte. Mehr und mehr wurde ich schlichtweg schikaniert, anders sind verschiedene Ereignisse und Entscheidungen in ihrer Gesamtheit für mich leider Gottes nicht zu interpretieren.

Ohne konkrete Namen nennen zu wollen, machten mir insbesondere zwei wichtige Leute im Produktionsteam das Leben schwer, vor allem ab dem Jahr 2013, nachdem ich den zukünftigen Vater meines Sohnes kennengelernt hatte. Zum einen handelte es sich um einen Mann, der mir bereits seit langem Avancen machte, auf die ich partout nicht eingehen wollte. Nicht nur, weil er so gar nicht mein Typ war, sondern auch, weil es in beruflicher Hinsicht unprofessionell gewesen wäre. Um es auf den Punkt zu bringen, besagter

Mann hat mich in meiner Freizeit regelrecht bedrängt. Er schlich um mein Wohnhaus herum, klingelte ganz ungeniert und rief mich an den Wochenenden so penetrant häufig an, dass ich auf seine angezeigte Nummer gar nicht mehr reagiert habe. Immer neue Ausreden mussten deshalb her. Da konnte mir mein Handy durchaus schon mal hinter den Schrank gefallen sein oder ich hatte es angeblich bei den Eltern vergessen. Keine Ahnung, ob er mich besitzen wollte und in seinem Machtwahn kein Nein akzeptierte, es war in jedem Fall unangenehm. Ich hatte Angst, irgendwann vor die Wahl gestellt zu werden: Entweder Sex mit ihm oder Verlust der Rolle. - Tja, und dann lernte ich Tobi kennen und lieben, wurde schwanger. Von da an ging der Spießrutenlauf erst so richtig los.

Die zweite Person war eine Frau, ebenfalls an einem wichtigen Schalthebel der Produktion. Auch sie hatte es auf mich abgesehen, jedoch aus anderen Motiven. Nie habe ich eine Frau kennengelernt, die auch nur annähernd so stutenbissig gewesen wäre. Wenn es sich wenigstens um eine Schauspielkollegin gehandelt hätte, von der Angst getrieben, ich könnte ihr womöglich die Show stehlen. Dann okay, das wäre ja wenigstens nachvollziehbar gewesen. Doch die besagte Frau agierte hinter den Kulissen. Neidete sie mir mein Aussehen, die Fröhlichkeit, das Talent oder dass ich gut bei Männern ankam? Wer weiß, verstehe einer die Frauen. Wie auch immer, sie mochte mich nicht, beließ es die ersten Jahre aber wenigstens bei gebremstem Schaum. Jetzt ratet doch mal bis wann. Genau, bis ich Tobi kennen- und lieben lernte. Was musste ich mir dazu von ihr noch gleich anhören:

»Was willst du denn mit so einem Schönling? Der ist ja sogar jünger als du, der bleibt sowieso nicht.«

Wenn das schon Neid und Eifersucht bei ihr hervorrief, dann müssen ihr aufgrund meiner Schwangerschaft und der Geburt eines bildhübschen Jungen erst recht die Sicherungen durchgebrannt sein. Zumindest hat sie sich so benommen.

Was dann schließlich mit mir und meiner Rolle der „Trixi" angestellt worden ist, hätte man in meinen Augen nicht perfider inszenieren können. Zunächst wurde mir in der Vertragsbesprechung eröffnet, meine Rolle sei zu Ende erzählt, nach der kommenden Staffel würde es für mich nicht weitergehen. Und das mir, die ich nie schlecht über Serie und Produktion gesprochen hatte, ganz im Gegenteil. Ein dreiviertel Jahr lang wurde ich Folge um Folge aus der Serie herausgeschrieben, indem ich mich eingangs mit der plötzlichen Diagnose Alzheimer konfrontiert sah. Zehn Jahre lang und zudem seit der ersten Stunde Aushängeschild der Serie, musste ich mir nun also mein eigenes Grab schaufeln, mich als „Trixi" in den Tod spielen. Das Drehbuch verlangte, dass ich die Krankheit vor der Familie verheimliche, meinen Ehemann verlasse, den eigenen Tod plane. Die letzte Klappe fiel im Jahr 2017.

In einer Verlautbarung wurde dreist behauptet, ich hätte meinerseits aussteigen wollen, um mich mehr um Kind und Familie kümmern zu können, wäre der Situation nicht mehr gewachsen gewesen. Das machte mich stinksauer, weil es an den Haaren herbeigezogen war. Daraufhin trat ich selber mehrfach an die Öffentlichkeit und stellte klar, dass ich gegen meinen Willen aus der Serie geschrieben und zugleich unwiederbringlich vor die Tür gesetzt worden war. Was hatte ich in der Vergangenheit nicht alles zugunsten dieser Serie auf mich genommen: einen Kaiserschnitt, damit die Produktion besser planen konnte, meinen kranken Sohn alleine bei der einen oder anderen Oma gelassen, um drehen zu können, die bereits beschriebene Fahrerflucht fabriziert sowie zig Bußgelder wegen zu schnellen Fahrens kassiert, um das Drehteam nur ja nicht warten zu lassen, wenn ich mal wieder dringend außer der Reihe am Set benötigt worden bin. - War man mir dafür jemals dankbar zur Seite gesprungen? Nein, so viel ich weiß, nicht! Zum Dank wurde ich stattdessen entsorgt. Schönen Dank auch!

Nach zehn Jahren auf die Art seinen Job zu verlieren, war extrem hart. Nicht zuletzt, weil das ganze Drehteam für mich zu einer zweiten Familie geworden war. Egal, ob Requisite, Beleuchter, Maskenbildner – es handelte sich um eine eingeschworene Gemeinschaft. Als mein Weggang offiziell verkündet wurde, sorgte das für viele Tränen und Unverständnis. Ich war halt der kollegiale, nahbare Kumpel-Typ, mit dem man Spaß haben konnte, der bei Bedarf mit anpackte, ohne sich dabei einen Zacken aus der Krone zu brechen. Ohne überheblich sein zu wollen, bis heute werde ich von nicht wenigen sehr vermisst, was absolut auf Gegenseitigkeit beruht.

Seinerzeit fiel ich in ein tiefes Loch, verwundbar und anfällig für meine alten Dämonen, die nun wieder aus der Versenkung zurückfanden. Umso mehr, weil Tobi mich dazu bewegte, mit ihm gemeinsam an den Tegernsee zu ziehen. Seine Absichten waren die allerbesten. Auf die Art würde ich Abstand von der beruflichen Misere und den

Medien gewinnen können. Dazu würde es mich hinsichtlich meiner finanziellen Einbußen entlasten. Gut gedacht und zutreffend, nur, dass ich mich nach diesem Schritt völlig entwurzelt fühlte, vereinsamt in einem mehr oder weniger goldenen Käfig. Ich hatte dort weder leibliche Familie noch einen gewachsenen Freundeskreis, pendelte nicht einmal mehr zum Arbeiten nach München, wie es Tobi fortan tat. Es war ein fundamentaler Unterschied, ob man an gelegentlichen Wochenenden die quasi Schwiegereltern in der Gemeinde am Tegernsee besuchte oder ob man komplett dorthin umzog. Anders ausgedrückt, ich erlebte einen knallharten Kulturschock.

Eine Nachbarin, die es zweifellos gut mit mir meinte und mich nur aufrichten wollte, hielt es für eine tolle Idee, mehrmals die Woche mit Prosecco vorbeizukommen. Damit nahm das Unheil seinen Lauf. Prosecco und Wein wurden zu meinem täglich Brot, mehr und mehr davon, in aller Heimlichkeit, bis ich das Zeug sogar aus der Kaffeetasse getrunken habe. Ich fühlte mich wie ein abhängiger Knecht, der Arbeitslosengeld kassierte, nur noch gut genug zum Kochen, Wäsche waschen und Putzen.

Neue Rollenangebote blieben aus, wofür eine mir nahestehende Schauspielagentin auch eine einleuchtende Erklärung parat hatte.

Ihrer Meinung nach konnte ich vom Tegernsee aus unmöglich etwas in diese Richtung bewegen. Ich sollte am besten sofort die Koffer packen und für ein halbes Jahr nach Berlin kommen, wo sie mir namhafte Filmproduzenten und andere Filmgrößen vorstellen wollte.

»Ja, wie – und mein Kind?«

Dafür schüttelte sie keine Lösung aus dem Ärmel, nur den geschäftsmäßigen Hinweis, ich müsse mich halt zwischen Kind und Karriere entscheiden.

Es war nur eine Frage der Zeit, bis Tobi realisierte, dass mich kaum noch etwas von einer Alkoholikerin unterschied. Natürlich stand er mir zur Seite, so gut es eben ging, genau wie er es von Anfang an in allen Bereichen getan hatte. Aber der entscheidende Impuls musste von mir selber kommen. Und als ewige Kämpferin, die ich nun einmal bin, machte ich mich daran, mich am eigenen Zopf aus dem Morast zu ziehen.

Gescheiterte Karriere
als Gastronomin?

Meinen Beruf als Schauspielerin hatte ich aus Liebe zu meinem Sohn vorerst an den Nagel gehängt. Meine Prioritäten waren diesbezüglich eindeutig. Also, was konnte ich stattdessen mit meinem Leben anfangen? Gab es noch irgendeinen unerfüllten Herzenswunsch? Welche Talente konnte ich in die Waagschale werfen – und das in einer kleinen beschaulichen Ortschaft wie Dürnbach, die zudem größter Teil der Gemeinde Gmund am Tegernsee ist? Während ich grübelte, führte mich mein Weg ziellos durch den Ortskern. Plötzlich war da diese Eisdiele, auf den ersten Blick etwas heruntergekommen wie ich fand, doch mit etwas Fantasie durchaus mit Potenzial.

Aber ja, ein eigenes Lokal wollte ich schon seit langem haben. Das war's doch! Kurzentschlossen fragte ich drinnen nach, ob man eventuell an eine Geschäftsaufgabe dachte, erhielt jedoch ein definitives Nein als Antwort. Zurück auf der Straße, traf ich meine Nachbarin, der ich brühwarm von meiner Idee berichtete. Die hatte auch gleich einen heißen Tipp für mich:

»Du, weiter vorne ist doch die ehemalige Markthalle. Die steht schon seit einem Dreivierteljahr komplett leer.«

Daraufhin nahm ich sofort meine Recherchearbeit auf und erfuhr, wer das Objekt inmitten von Dürnbach verwaltete und dass sich bereits mehrere Leute dafür interessierten: ein

Metzger, ein Arzt und jemand mit Lebensmitteln aus Fernost. - Vor Leerstand und Markthalle war es sogar mal ein Geschäft für Bastel- und Künstlerbedarf gewesen – in beiden Fällen nicht sonderlich erfolgreich. Das alles schreckte mich nicht ab. Nachdem ich mir im Beisein meines Lebensgefährten Tobi ein genaues Bild von den Räumlichkeiten gemacht hatte, erarbeitete ich mit seiner Unterstützung ein Lokalkonzept, welches nach Umsetzung bestimmt auch im Umland für Interesse und Zuspruch sorgen würde. Als ich dann tatsächlich den Zuschlag für die 110 Quadratmeter plus überdachter Außenfläche erhielt, packte mich die Angst vor der eigenen Courage. Umbau, Personal, Gewinnung von Gästen, Finanzierung – die Liste möglicher Stolpersteine schien endlos zu sein.

Von der einstigen Markthalle war nichts mehr zu erkennen. Man stand in einer komplett leeren, besenreinen Halle – unten ein neutraler Fliesenboden, an der Decke eine aparte Holzverstrebung sowie durchgängig Panoramafenster auf der Frontseite und einer Nebenseite. Von meinen Ersparnissen hatte ich für Küche und Bar zu sorgen, für diverse Großgeräte, Tische und Stühle, Geschirr und Besteck. Eine Neuanschaffung war illusorisch, das hätte mein Budget mehr als aufgefressen. Mit meinem Problem wendete ich mich an einen Anbieter für Großküchentechnik. Als Platzhirsch in der Gegend waren seine Servicefahrzeuge allgegenwärtig und der Rest schnell gegoogelt. Der Inhaber bewies ein Herz für mich und mein Vorhaben, bot mir aus seinem Bestand einen Großteil der erforderlichen Gerätschaft gebraucht und zu einem Vorzugspreis an. Kein Problem für ihn als gewitzten Aufkäufer mit einer riesigen

Scheune voller Dinge, die das Gastronomie-Herz höher schlagen ließ.

Vielleicht spielte auch eine Rolle, dass er mich bei unserem ersten Treffen sofort erkannt hat. Das ist in etwa wie folgt gelaufen:

»Ja mei, des ist doch die „Trixi".«

»Ja, genau. Bestimmt hast du auch mitbekommen, dass die mich aus der Serie rausgeschrieben haben.«

»Na klar. Und jetzt bist du a richtiger Quereinsteiger? Ach Madl, Madl.«

Mitleid war goldrichtig, genau das, was ich jetzt brauchte. »Ich habe aber nicht viel Geld. Ich stecke meine ganzen Ersparnisse ins Lokal.«

»Du bist ja gspinnert. Na gut, okay.«

Neben seinem Beitrag zum Gelingen verwies er mich noch an einen Gastronomen, der aktuell sein Wirtshaus abwickelte. Insgesamt kam ich so an beinahe alles, was ich zu einem vollständigen Inventar benötigte, und es hatte mich nicht arm gemacht.

Aber nochmal zurück zum Konzept: Wie machte man aus einer ehemaligen Markthalle, die wie Sau hallte, ein gemütliches Restaurant-Bistro?

Tobi wusste zu berichten, dass es ganz früher mal ein Bauernhof gewesen war, deshalb auch die Gewölbe-Bauweise an der einen oder anderen Stelle. Aus diesem Grund schlug er vor, im Innen ein Außen zu kreieren. Wenn man das „Dürnbecker" heute betritt, finden sich anstelle eines Fliesenbodens neben Holzparkett auch Pflastersteine, wie man sie in einem alten Innenhof finden würde.

Eine weitere Idee kam von mir. Dabei ließ ich mich von dem Fernsehformat „Inas Nacht" inspirieren, wo Musiker in einer Hamburger Kneipe inmitten der Kneipengäste auftreten. Ich wollte regelmäßig Kleinkunst bei mir präsentieren und gestaltete die rechte fensterlose Wandseite mit einem Holzpodest sowie einem zusätzlichen Beleuchtungskonzept.

Insgesamt sollte sich das Ambiente vor allem durch Holz als dem entscheidenden Baumaterial und Ausdruck bayerischer Gemütlichkeit auszeichnen.

Warum ausgerechnet der Name „Dürnbecker"? Also zunächst einmal wäre da die Lage zu nennen, nämlich inmitten der Ortschaft Dürnbach. Natürlich hätte es naheliegend auch gleich „Dürnbacher" heißen können. Aber ich fand, dass das wie irgendein Tafel- oder Kurwasser geklungen hätte. Außerdem bezeichnen sich die Alteingesessenen selber als Dürnbecker. Mit dem gewählten Namen lag ich also sowohl im Trend als auch in der identitätsbewussten Tradition – meine persönliche Liebeserklärung an die Einheimischen. Damit wäre das Geheimnis um den Namen meines Restaurant-Bistros also auch geklärt.

Apropos Identitätsbewusstsein und Tradition. Obstbäume genießen in der Gemeinde Gmund-Dürnbach seit nunmehr 100 Jahren einen hohen Stellenwert. Nicht umsonst gibt es mit dem „Dürnbacher Glasapfel" eine lokale Sorte von bestem Ruf und Qualität. Für mich Anlass genug, einen Bildhauer aus der Gegend damit zu beauftragen, einen deckenhohen, stilisierten Baum als zentrales symbolisches wie schmückendes Element für das „Dürnbecker" zu kreieren. Das Ergebnis erfreut sich noch immer großer

Beliebtheit und wacht wie ein hölzernes Schutzsymbol über mein Restaurant-Bistro.

Inmitten meiner Bauarbeiter habe ich in Latzhosen kräftig mit angepackt, als es um den Umbau ging. Ich muss so viele Glückshormone ausgeschüttet haben, dass man damit vermutlich die ganze verschlafene Ortschaft hätte beglücken können.

Das hielt an, bis ich in die Metzgerei gekommen bin, um Leberkässemmeln für die ackernden Jungs und mich zu besorgen.

Man kann durchaus sagen, dass ich das Geschäft inkognito betreten habe – verschwitzt in verdreckter Latzhose und klobigen Sicherheitsschuhen, Gesicht und Haare mit Staub bedeckt.

Während ich also hinten in der Reihe wartete, ließ man sich vor mir so richtig aus:

»Habt's des scho' mitgekriegt, da drüben geht's zua wie im Taubenschlag.«

»Die Dietel, diese Schauspielerin mit den aufgespritzten Lippen, die macht aus der Markthalle jetzt a Wirtschaft.«

»Do bin i ja gespannt, wie lange die des schafft. Des hat die doch eh niat im Kreuz, do muss man scho' was arbeiten. Bei uns kriegt man nichts geschenkt, hier gibt's koanen „Roten Teppich".«

In der Gangart ging es munter weiter, voller Spott und Hohn. So schnell hatte ich zuvor noch kein Geschäft verlassen, dabei kläglich heulend. Längst noch nicht eröffnet, und ich bekam hintenherum schon kräftig eine reingedonnert.

Im Vorfeld der Eröffnung, es war Februar 2018, stellte ich auf Empfehlung Jutta ein, ihres Zeichens Betriebswirtin und Hotelfachfrau. Der Lebenslauf belegte, dass sich ihre ganze berufliche Laufbahn bisher ums Gastrogewerbe gedreht hatte, sie dieses Metier also aus dem Effeff kannte. Vereinbart wurde, dass sie mich als meine rechte Hand in Administration und Organisation entlasten würde.

Dazu gehörte auch der Personalbereich. Auf ihr Betreiben hin verfügte das „Dürnbecker" über einen Koch und eine Bäckerin, noch bevor das Geschäft überhaupt ins Rollen kam. Dazu stellte ich noch einen Schankkellner ein, weil ich es beizeiten versprochen hatte und ihm wieder auf die Beine helfen wollte.

Man brauchte kein Studium in Betriebswirtschaft in der Tasche zu haben, um schon bald zu erkennen, dass das Konzept so nicht aufging.

Wie konnte es sein, dass ich von morgens um neun bis abends um zehn an vorderster Front buckelte und Jutta sich gleichzeitig bei ordentlichem Gehalt entspannt zurücklehnte und Milchmädchenrechnungen fabrizierte. Sicher, schon richtig, das „Dürnbecker" begann bereits während der ersten drei Monate zu brummen. Sinn und Zweck konnte aber nicht sein, dass der ganze Umsatz für Personalkosten draufging, während ich mit blutigen Zehen bediente, bis mich ein Kreislaufkollaps ausknockte und Herpes meine Lippe so wund werden ließ, dass Spuren davon noch heute zu sehen sind.

Ich musste mir eingestehen, meiner rechten Hand beziehungsweise ihrer Expertise viel zu blind vertraut zu haben. Als nach drei Monaten der Ansturm an Gästen nachließ, weil die allgemeine Neugier befriedigt war und mein Promibonus seine Schuldigkeit getan hatte, war es an der Zeit, überfällige Änderungen vorzunehmen. Mit der Bäckerin fing es an, der ich mangels Arbeitsauslastung noch weitere Aufgaben wie das Bügeln von Tischdecken übertragen wollte. Das wollte sie wiederum nicht und kündigte. Als Nächstes trennte ich mich im gegenseitigen Einvernehmen vom Koch, da einfach zu wenig Mahlzeiten bestellt wurden.

Die Entscheidung darüber, wie ich mit Jutta verfahren würde, wurde mir auf schmerzhafte Weise abgenommen. Es ergab sich, dass eine Geburtstagsgesellschaft unbedingt und ausnahmslos von mir bedient werden wollte. Um dem nachkommen zu können, bat ich Jutta, meinen Marlow vom Kindergarten abzuholen und platzierte den Kindersitz in ihrem Auto. Wie der Zufall manchmal so spielt, sah ich im Fußraum Unmengen von leeren Weinflaschen. Hausmarken, wie wir sie nur im „Dürnbecker" ausschenkten.

»Was macht so viel von meinem Leergut in deinem Auto?«, stellte ich sie zur Rede.

Es sei ihr Leergut, durfte ich mir allen Ernstes anhören. Stutzig geworden, prüfte ich daraufhin Bestellungen, Bestände und Abverkäufe. Das Ergebnis war schockierend: eine Diskrepanz von knapp 300 Weinflaschen! - In meinem Kopf führte das zu einem Dominoeffekt. Plötzlich fielen mir wieder diverse Fehlbeträge in den Kassen ein, die ich jedes Mal mit meinem Privatgeld ausgeglichen hatte, um nur niemanden grundlos zu beschuldigen.

»Du hast mich beklaut!«, platzte mir endgültig der Kragen.

Natürlich stritt sie es ab.

Das war aber nur die Spitze des Eisberges, denn als ich meinen Steuerberater aufsuchte, um mir erklären zu lassen, weshalb der Geldbestand auf dem Geschäftskonto sprichwörtlich schneller wegschmolz als Schnee in der Sonne, hieß es, wir hätten uns dazu längst schon mal unterhalten müssen, die Betriebskosten wären viel zu hoch.

Ich reagierte verständnislos: »Na, weshalb sind Sie dann nicht auf mich zugekommen?«

Laut des Steuerberaters hätte Jutta ihm mitgeteilt, ich als Prominente wolle mit diesen Angelegenheiten nichts zu tun haben, dafür sei ausschließlich sie zuständig. Ich fiel vom Glauben ab. Grundsätzlich gehörte das ganze Thema Buchhaltung und Steuerberater zwar schon zu ihrer Stellenbeschreibung, doch wenn Gefahr in Verzug war, blieb ich selbstverständlich die Hauptansprechpartnerin. So, wie ich die Sache sah, hatte sich Jutta der arglistigen Täuschung schuldig gemacht, denn sie hatte von der negativen Geschäftsentwicklung gewusst, aber mich nicht darüber informiert. Mit Inkompetenz alleine war das nicht zu erklären.

Jetzt, wo ich mich an Jutta vorbei auch mit den eingegangenen Rechnungen befasste, musste ich feststellen, dass der mir wohlgesonnene Lieferant eines Großteils der Dürnbecker-Einrichtung noch immer eine hohe Summe im fünfstelligen Bereich zu bekommen hatte.

Um mir die Anfangsphase zu erleichtern, hatte er stillschweigend abgewartet und auf Mahnungen verzichtet. So war mir auch das verborgen geblieben. Und damit noch immer nicht genug. Mein Steuerberater unterrichtete mich nun auch darüber, dass jeden Monat um die zweitausend

Euro aus der Kasse herausstorniert worden waren – Begründung: Gästereklamationen, Testbuchungen, Eingabefehler. - Bitte?! Eines wusste ich mit Sicherheit, nämlich dass Gästereklamationen selten vorkamen. Das Übrige durfte eigentlich kaum ins Gewicht fallen. Also was sollte der Blödsinn?

Es kam zum finalen Streit mit meiner Noch-Mitarbeiterin darüber, ob sie für die desolate Finanzsituation verantwortlich war oder nicht, ob sie mich beklaut, belogen, betrogen hatte oder nicht. Letztlich pochte sie darauf, dass ich ihr ja nichts nachweisen könne. Inhaberin wäre ich, sie hätte keine Prokura. Das juristisch auszufechten, hätte viel Geld, Zeit und Nerven gekostet, doch ich war nahezu pleite. Alles, was mir zu tun übrig blieb, war, Jutta fristlos rauszuschmeißen und zu hoffen, dass das Schicksal sie früher oder später hart bestrafen würde.

Und der Steuerberater? Wie hatte er nur offenen Auges zusehen können, wie mein Restaurant-Bistro immer weiter den Bach runterging? Ich betrachtete es als nicht hinnehmbar und trennte mich demzufolge auch von ihm.

Pleite und nicht mehr kreditwürdig – ich sah mich schon vor den Trümmern meiner Existenz. Entweder mir fiel ganz schnell eine Lösung ein oder ich konnte das „Dürnbecker" auf Nimmerwiedersehen zusperren.

Wie ein Phönix aus der Asche?

Nach wie vor unterhielt ich eine familiäre Beziehung zu meinem namhaften PR-Manager in Sachen Showbusiness, Pedro da Silva, den ich als meinen Seelenverwandten betrachtete und der zudem Patenonkel meines Sohnes war. Ihn rief ich an und schüttete ihm mein Herz darüber aus, wie es um mich und mein „Dürnbecker" stand. Einerseits mitfühlend, andererseits ganz Profi, beruhigte er mich und hatte auch schon einen Ausweg parat. „Dschungelcamp" hieß das Zauberwort. Gemeint war die RTL-Reality-Show „Ich bin ein Star – Holt mich hier raus!" Die Macher hatten mich wohl schon bei ihm angefragt, aber weil ich vollauf mit dem Aufbau meines Lokals beschäftigt gewesen war, hatte Pedro abgelehnt. Aufgrund der neuen Situation wollte er mich dort wieder ins Spiel bringen und einen guten Deal aushandeln. Er hielt, was er versprach. Im Januar 2019 gehörte ich zu den 12 Teilnehmern der 13. Staffel, und ich war meine finanziellen Sorgen auf Anhieb los. Das „Dürnbecker" blieb derweil geschlossen.

Ich denke schon, dass ich mich ziemlich gut gehalten habe, präsentierte mich fair und cool. Ob bei der Prüfung „Willkommen auf der Planke" oder in der „Dschungel-Kantine" – ich habe mir keine Blöße gegeben. Nach dem Verzehr von Tierhoden amüsierte sich die Moderatorin Zietlow noch darüber, dass ich wie selbstverständlich die

Teller abräumte und meinte dazu, da würde wohl die Gastronomin in mir durchkommen.

Es lief für mich rund, bis ich frühmorgens geweckt und zum Dschungel-Interview gerufen wurde. Sofort sorgte ich mich um meinen Sohn daheim. Als es dazu noch hieß, ich solle mich nicht aufregen, ein Psychologe stehe für mich bereit, war es um meine Ruhe endgültig geschehen. War etwas mit meinem Sohn Marlow geschehen oder sonst etwas Schlimmes?

Stattdessen wurde Entwarnung gegeben. Nein, mit meinem Sohn wäre alles in Ordnung, aber es hätte doch heute ein ganz besonderer Mensch in meinem Leben Geburtstag. Gemeint war mein Ex-Lebensgefährte Tobi. Wir hatten uns im Sommer getrennt, und erst wenige Tage vor meinem Abflug nach Australien war ich aus der gemeinsamen Wohnung ausgezogen, was mir insgesamt noch gewaltig in den Knochen steckte.

Zuerst die Angst um meinen Sohn, gleich darauf die Frage, wie es sich denn anfühlen würde, dass meine heile Familienwelt zusammengebrochen war et cetera pp. Gleich zweimal an der Achillesferse erwischt zu werden, das stürzte mich in ein Gefühlschaos. Dann wurde auch noch mein Ende bei „Dahoam is Dahoam" thematisiert. Ich hatte schwere Schlagseite, weinte und offenbarte mich wie gewünscht einem Millionenpublikum.

Permanentes Nachbohren ließ mich Dinge sagen, die ich unter normalen Umständen nie gesagt hätte. Dinge, für die ich mich im Nachhinein am liebsten selber ausgepeitscht hätte. Bei den Zuschauern ließ mich dieser Auftritt in Ungnade fallen. Am Ende belegte ich den siebten Platz.

Heute weiß ich, dass ich viel zu blauäugig und unvorbereitet in dieses Reality-Show-Format gegangen bin. Ich hätte wissen können und müssen, dass es dort auch psychologisch mitunter hart zur Sache ging. Schließlich stand der Kampf um die Quote im Mittelpunkt. Rücksichtnahme und Feingefühl zu erwarten, war da wohl Fehl am Platze.

Mein Fehler, ich habe viel daraus gelernt.

Aber sicher doch, die dümmliche Floskel vom „Krönchen richten" musste ich mir anschließend auch wieder anhören. Irgendwer findet sich ja immer, der einem mit dieser verstaubten Pseudo-Weisheit kommt.

Als ich am Boden zerstört aus Australien zurückkam, holte mich niemand vom Flughafen ab. Es war tiefster, arschkalter Winter mit Schnee bis unters Dach. Meine Wohnung, in die ich erst kurz vor dem Flug nach New South Wales umgezogen war, stand noch immer voller ungeöffneter Umzugskartons. Ich fühlte mich wie der einsamste Mensch auf der Welt.

Das „Dürnbecker" wurde zu meiner Oase, zum bevorzugten Rückzugsort. Vom Personal war nur noch der Schankkellner übrig, der sich als besonders fleißig und vielseitig erwiesen hatte, ob hinter der Theke oder beim Bedienen. Neuerdings überzeugte er auch in der Küche. Nun zahlte sich umso mehr aus, dass mein verbliebener Angestellter selbst einmal Inhaber eines Wirtshauses gewesen war und zudem gelernter Koch.

Viel Zeit zum Durchatmen blieb mir freilich nicht, denn schon kurz nach meiner Rückkehr wurde ich vom Fernsehsender VOX angefragt und fand mich wenige Wochen darauf als Hobbyköchin bei „Das perfekte Promi Dinner" oder noch treffender „Das perfekte Dschungel Dinner" wieder, gemeinsam mit drei weiteren Mitstreitern aus der neuesten „Dschungel"-Staffel: Sandra Kiriasis, Chris Töpperwien und Domenico de Cicco. - Ich würde die Drei bekochen und von allen Dreien bekocht werden.

Meine Kochkünste stellte ich dann im „Dürnbecker" unter Beweis, was schon deshalb auf der Hand lag, weil meine Wohnung noch immer nicht fertig eingerichtet war. Leider Gottes kamen zwei Dinge zusammen, die mich bei der späteren TV-Ausstrahlung zwar witzig aber gleichwohl wenig vorteilhaft rüberkommen ließen.

Zum einen wollte ich geradezu zwanghaft alles perfekt machen, was dann vor allem die Chaotin in mir zum Vorschein gebracht hat, und zum anderen war ich im normalen Tagesgeschäft nicht mit dem Kochen befasst, weshalb ich mit der Küche auch nicht bis ins Detail vertraut war. - In Kombination führte das in der geschnittenen TV-Endversion dazu, dass ich während der Dinner-Vorbereitung zum Beispiel die letzte verbliebene und zudem fast leere Flasche Honig spontan aufschnitt, um den Rest mit den Fingern herauszukratzen. Weil ich die Zitronenpresse nicht fand, biss ich Zitronen für den Kaiserschmarrn-Teig aus Spaß mit den Zähnen auf. Ferner rührte ich den Teig, während ich parallel Fragen des VOX-Teams beantwortete sowie frische Rote Beete per Geschmacksprobe auf richtige Bissfestigkeit hin prüfte – bis hin zu dem Punkt, als mir beim Sprechen ein Stück Rote Beete aus dem Mund gefallen ist, direkt in den Teig.

Nein, ich hatte für die Honigaktion keinen Löffel bemüht, sehr richtig, aber ja, ich habe anschließend sehr wohl einen ganz neuen Teig für den Kaiserschmarrn angerührt! Nur leider war diese Tatsache dem Schnitt zum Opfer gefallen. Herrschaftszeiten, ich bin keine Hochwohlgeboren mit dem Knigge unterm Kopfkissen, sondern ein Arbeiterkind! Außerdem waren meine Hände gewaschen gewesen. Oder hat vielleicht schon mal jemand gesehen, dass ein Wiener Schnitzel mit Messer und Gabel paniert oder Bouletten nicht von Hand in Form gebracht werden? Was die Zitronen angeht, da hatte ich lediglich eine witzige Show abziehen wollen, frenetisch angefeuert vom VOX-Team. So ein lustiges Promi-Dinner wie bei mir hätte man ja noch nie erlebt, war mir versichert worden. Tja, und ein bisschen bin ich da wie ein Kind. Feuere die Doreen Dietel bei ihrem lustigen Treiben an, und sie lässt sich schnell dazu hinreißen, noch einen drauf zu setzen.

Während der TV-Ausstrahlung, die meine Gäste im Lokal mitverfolgen konnten, schmissen sich diese vor Lachen weg. Ein Schenkelklopfer jagte den nächsten. Auch der Bürgermeister war anwesend und kommentierte, dass es sich um die beste Comedy handele, die er je gesehen hätte. Doch nach der TV-Ausstrahlung wurde es völlig absurd. Während ich von Sandra, Chris und Domenico für meinen karamellisierten Kaiserschmarrn und den Rote-Beete-Carpaccio mit den meisten Punkten geehrt und somit zur Siegerin erklärt worden bin, hatte die Presse nichts Besseres zu tun, als einen Shitstorm auf meine Kosten loszutreten. Plötzlich war da reißerisch von Ekelauftritt die Rede, dass die Perfekte-Dinner-Fans entsetzt wären oder ich den

Kollegen aus dem „Dschungel" ins Essen gespuckt hätte. Gerade Letztere haben daraufhin aber gar nicht nachgetreten. Wieso auch, sie hatten sich bei mir wohlgefühlt, verstanden sich als Entertainer wie ich auch, ließen die Kirche kurz gesagt im Dorf. Ich bin mir sicher, sie haben es sogar als witzig gemeinten Seitenhieb auf „Ich bin ein Star – Holt mich hier raus!" verstanden, schließlich befanden wir uns aktuell bei „Das perfekte Dschungel Dinner".

Also noch einmal fürs Protokoll: Selbstverständlich habe ich einen ganz neuen Teig für den Kaiserschmarrn angerührt, frei von Rote Beete oder sonstigen unappetitlichen Beimengungen!

Für mich und mein „Dürnbecker" wurde es zum reinsten Spießrutenlauf. Dass ich als Siegerin aus der TV-Show hervorgegangen war, schien völlig in den Hintergrund zu treten, genauso wie die Tatsache, dass ich den Gewinn über fünftausend Euro dem Behindertenbeauftragten des Landkreises Miesbach, Anton Grafwallner, sowie der Deutschen Herzstiftung e. V. zur sinnvollen Verwendung überreicht beziehungsweise gespendet hatte.

Als die ersten fremden Besucher im Lokal standen, um mich zu beschimpften, wurde mir der Ernst der Lage erst richtig bewusst. Wenn das so weiterging, würde ich sehr bald zusperren können. Vor der Öffentlichkeit stand ich als Pottsau da, obwohl es in meinem Restaurant-Bistro sauber und ordentlich zuging, hygienisch durch und durch unbedenklich.

Ein verzweifelter Anruf in der federführenden VOX-Redaktion schien mir unumgänglich, um eine Richtigstellung herbeizuführen. Auch dort war man von der medialen Reaktion überrascht worden und bedauerte es. An sich war ja gerade mit meinem witzigen Auftreten eine überragende Zuschauerquote eingefahren worden. Deshalb war man davon ausgegangen, dass das auch mir und meinem „Dürnbecker" zugutekommen würde. Wie auch immer, die betreffende Folge war bereits ausgestrahlt worden, das Rad ließ sich nicht mehr zurückdrehen. Dem VOX-Team machte ich auch überhaupt keinen Vorwurf, es hatte in bester Absicht gehandelt. Verantwortlich für das Bashing gegen meine Person war vielmehr der veröffentlichte „Dünnpfiff" irgendeines sensationsgeilen Kritikers und die Tatsache, dass sich so ein Müll in Rekordgeschwindigkeit viral verbreitet, will sagen, von anderen Medienredaktionen ungeprüft aufgegriffen wird.

Und leider ist das, was auf dieser Grundlage geschrieben steht, für zu viele Leser automatisch in Stein gemeißelte Realität.

Ich rief ein lokales Nachrichtenmedium vom Tegernsee an. Auch die dortige Redaktion hatte sich auf mich eingeschossen, was besonders wehtat, denn die kannten mich nun wirklich besser. Auf meinen Appell hin, dass sie mir das doch nicht wider besseren Wissens antun dürften, hieß es nur lapidar, man könne keine Gegendarstellung bringen, es ginge schließlich auch um ihre Glaubwürdigkeit. Ich müsse doch auch an sie denken. An sie denken?! Musste ich neuerdings etwa auch für die Lokalpresse über die Klinge springen?

Das vielleicht schönste Kompliment in dem Zusammenhang bekam ich persönlich von einem älteren Herrn:

»Ich hab immer gedacht, du bist so eine eingebildete Promi-Amsel. Dann hab ich dich in der Dinner-Show gesehen und gedacht, was für eine Mordsbraut. - So macht man das, ja freilich macht man das so, mit den Händen. Warst halt sparsam mit der Honigflasche. Die sollen nur nicht alle so blöd daherreden.«

Schlussendlich konnte ich mich nur auf eigenen Fleiß und meinen Durchhaltewillen verlassen, wurde nicht müde, im persönlichen Dialog aufzuklären – mit Erfolg.

Ende des Jahres 2019 gaben sich die nächsten Katastrophen die Klinke in die Hand. Eigentlich ließ sich der 6. Dezember grandios an. Ich hatte mich zuvor durchaus vorwurfsvoll bei meinem PR-Manager Pedro da Silva gemeldet und bedauert, dass mein Sohn Marlow seinen Patenonkel so selten zu Gesicht bekam, dass Pedro und sein Ehemann Dieter ständig in der Weltgeschichte unterwegs waren, nur nicht bei uns am Tegernsee. Am Nikolaustag dann die Nachricht von ihm, die beiden würden uns am nächsten Tag spontan besuchen kommen. So geschah es, und es wurde ein denkwürdig schönes Mittagessen im „Dürnbecker" mit Pedro, Dieter, Marlow, Tobi und mir an einem Tisch vereint, dazu auch deren beide Hunde. Pedro hat mich noch so lieb in den Arm genommen, mir Mut zugesprochen und betont, wie stolz er auf mich sei. Anschließend machten sich beide auf den Rückweg, und ich begann überglücklich für eine geschlossene Weihnachtsgesellschaft von fünfzig Personen einzudecken und zu dekorieren.

Gerade als ich den Gästen am frühen Abend die Vorspeise serviert hatte, erhielt ich von meiner „Dschungel"- Mitstreiterin Sandra Kiriasis die Nachricht, wie leid es ihr wegen Pedro täte. Da ich voll im Arbeitsstress war, konnte ich mich nicht sofort mit der gesamten Nachricht befassen, sondern wunderte mich zunächst nur kurz: Was konnte mit ihm los sein, das Beisammensein war doch toll gelaufen? - Wenig später die Antwort darauf: Pedro da Silva war tot! - Wie ich den Gästen daraufhin überhaupt noch Getränke und Nachspeise servieren konnte, ich weiß es nicht, war wie in einem dunklen Tunnel gefangen. Ich muss wie eine Maschine einfach nur funktioniert haben.

Der Chefin der Weihnachtsgesellschaft habe ich abschließend anvertraut, dass am Nachmittag mein bester Freund und Manager verstorben war. Ihr war unerklärlich, wie ich überhaupt noch hatte arbeiten können. Tja, da waren wir schon zu zweit. Noch immer wie vor den Kopf gestoßen, rief ich in seinem Büro an und erfuhr, dass Pedro, Dieter und die beiden Hunde auf der Rückfahrt von mir zu sich nachhause tödlich verunglückt waren – auf der A99 bei Kirchheim überschlagen und gegen einen Baum geprallt!

Wären sie meinem Wunsch nicht nachgekommen, Marlow und mich am Tegernsee zu besuchen, beide würden noch … Nein! Solche Selbstvorwürfe waren absurd und führten zu nichts. Einzig und alleine das Schicksal hatte die Würfel rollen lassen. Ein Trost war mir das dennoch nicht.

Was das Weihnachtsessen anging, da wurde ich für Service und Ambiente zwar trotz der traumatischen Umstände gelobt, für die kredenzten Speisen hingegen zerrissen. Fünfzig mit dem Essen unzufriedene Gäste eines namhaften Unternehmens, das hatte was von einem gastronomischen Supergau.

Damit war es höchste Zeit, mich auch von meinem letzten Angestellten zu trennen. Dieser hatte mich über weite Strecken der Zusammenarbeit sehr tatkräftig unterstützt, ohne Frage, doch leider begannen sich seine privaten Probleme zunehmend negativ auf das Geschäft auszuwirken. Das durfte ich keinesfalls zulassen, zu viel stand für mich auf dem Spiel. Meine Freundin Gabriele nötigte mich regelrecht dazu, endlich diesen Schritt zu tun, als ich noch immer hin- und hergerissen war, gehemmt von meiner eigenen Gutmütigkeit. Natürlich hatte sie vollkommen recht, und ich konnte ihr nur dankbar sein, dass sie so resolut auf mich einwirkte. In letzter Konsequenz stemmte ich den ganzen Februar 2020 über auf allen Positionen alleine das Lokal – Aufstehen morgens um fünf, um vorzukochen, Abschließen spätabends um zehn.

Tobi, mit dem ich nach wie vor in enger Freundschaft verbunden bin und der auch als Papa von Marlow ganz wunderbar ist, stärkte mir in dieser katastrophalen Phase einmal mehr den Rücken. Weshalb wir uns überhaupt getrennt haben? In einem Satz zusammengefasst: Unsere Herzen schlugen nicht mehr wie eines. - Kennt Ihr den Song „Auf anderen Wegen" von Andreas Bourani? Wenn nicht, hört ihn euch an. Dann versteht Ihr genau, was ich meine. Familie sind wir im Grunde immer noch und harmonieren besser denn je, eben nur auf einer anderen Ebene, nicht mehr als Paar.

Eine Köchin
wie vom Himmel geschickt

Die Suche nach einem neuen Koch gestaltete sich unerwartet schwierig. Entweder es handelte sich um unzuverlässige und verkrachte Existenzen oder deren Vorstellungen zu den Vertragskonditionen waren so utopisch, dass ich nur die Hände über dem Kopf zusammenschlagen konnte. Wieder andere waren schlichtweg arbeitsscheu. Nein, wirklich, was da übers Arbeitsamt und die sozialen Medien zu mir geschickt beziehungsweise auf mich aufmerksam wurde, das war die reinste Farce. Der Monat Februar ging bereits seinem Ende entgegen, als ich den Laden noch immer ganz alleine schmiss – ob Kochen oder Bedienen – und sprichwörtlich auf dem Zahnfleisch lief. Auf der Personaltoilette war ich vor Entkräftung bereits zweimal zusammengebrochen, hatte einmal Blut gespuckt. Doch anstatt einen Gang zurückzuschalten, wollte ich den Faschingsumzug in Gmund am Tegernsee nutzen, um zusätzlichen Umsatz zu generieren – mit einem von einer Brauerei gemieteten Bierwagen und der Hilfe einer Freundin. Ich brachte es erfolgreich über die Bühne.

Am 16. März 2020 rief Bayern den landesweiten Katastrophenfall aus, um der Ausbreitung des Coronavirus Herr zu werden. In dieser Zeit bereitete ich gerade den erneuten Umzug in eine andere Wohnung vor. Bis 01.

April musste ich aus der aktuellen ausgezogen sein, doch aufgrund der behördlichen Maßnahmen blieb bis auf Weiteres nicht nur mein Lokal geschlossen, sondern ich durfte auch die neue Wohnung nicht beziehen. Schlimmer konnte es kaum kommen, ein weiterer Tiefpunkt. Da ich notgedrungen ohnehin sämtliches Mobiliar nebst sonstigem Sack und Pack im Keller des „Dürnbecker" zwischenlagern musste, machte ich aus der Not kurzerhand eine Tugend. Den Bühnenbereich oben funktionierte ich zum Wohnzimmer um, aus dem Keller wurden Kinderzimmer und mein Schlafbereich.

Gemütlich? Irgendwie sogar abenteuerlich? Erzählt das mal einer liebenden Mama. Ich war völlig durch den Wind, denn die Vorstellung, dass ich meinen Sohn unter solchen Bedingungen komplett an seinen Papa verlieren könnte, dass ich ihm womöglich nicht mehr genug sein würde, machte mir schreckliche Angst. Immerhin erwartete Marlow bei Tobi ein schönes Haus mit großem Garten. So verging Woche um Woche, bis in den Sommer hinein, in denen unser Sohn abwechselnd bei seinem Papa und bei mir blieb. Tobi war sehr bemüht, mir die Ängste zu nehmen, und Marlow fand das Leben im Keller spannend. Meine Idee mit dem aufblasbaren Swimmingpool im Außenbereich des „Dürnbecker" für ihn und seine Freunde kam natürlich auch super an. Ich hatte mich grundlos verrückt gemacht – das Vorrecht einer liebenden Mutter.

Schließlich konnten Marlow und ich in die neue Wohnung einziehen, und für das Sommergeschäft holte ich meinen Schankkellner beziehungsweise Koch zurück. Es ging einfach nicht anders, wenn ich nicht vor Überarbeitung ins Gras beißen wollte. Er war verfügbar und nach Kräften um Wiedergutmachung bemüht.

Die Zusammenarbeit ließ sich dann auch reibungslos an, so reibungslos jedenfalls, dass ich eine Anfrage des Fernsehsenders Kabel Eins für das Format „Mein Lokal, Dein Lokal" angenommen habe. Anfang Juni bin ich nach München gefahren, um mich unter dem kritischen Blick des Profikochs Mike Süsser mit vier anderen Restaurantchefs zu messen – als einzige Quereinsteigerin – nachdem ich meinem Mitarbeiter „auf Bewährung" die Verantwortung am Tegernsee übertragen hatte.

An sich hätte ich mich nun vier Tage lang in vier verschiedenen Restaurants in München von Drei-Gänge-Menüs verwöhnen lassen können und im Gegenzug nur Punkte vergeben müssen, bevor man sich final bei mir in Dürnbach getroffen hätte. So viel zur Theorie.

In der Realität erhielt ich den Anruf eines benachbarten Ladenbesitzers, der mir vermeldete, mein Angestellter würde sich den Gästen schon gegen 13 Uhr sturzbetrunken präsentieren. Auf meine Bitte hin sah Tobi nach dem Rechten, und die Hiobsbotschaft bestätigte sich. Meinem Wunsch folgend, komplimentierte er meinen gescheiterten Vertreter nach dem Abkassieren der Gäste auf Nimmerwiedersehen hinaus und sperrte zu.

Ich selbst fuhr abends von München an den Tegernsee, nahm den nun überzähligen Lokalschlüssel an mich, schaute meinerseits nach dem Rechten und brachte ein Schild „Vorübergehend geschlossen" an. Gleich im Anschluss ging es für einen weiteren Drehtag zurück nach München.

Es war wie ein Albtraum.

Doch der richtige Horror kam ja erst noch. Nämlich als die vier Mitwettbewerber sowie Mike Süsser bei mir im „Dürnbecker" aufschlugen. Gänzlich ohne Personal musste ich nun zusehen, wie ich mich aus der Affäre ziehen würde, ohne allzu viel Gesicht zu verlieren.

Seit dem Zwischenspiel bei „Das perfekte Promi Dinner" hatte ich ohnehin schon das Prädikat „Chaos-Queen" inne, eigentlich konnte es also nur besser werden. Fakt blieb aber, dass ich aus diesem wichtigen Anlass notgedrungen einen Leihkoch engagieren musste, der sich in der Küche verständlicherweise nur mit Mühe zurechtfand und somit für keinen frenetischen Punkteregen sorgen konnte. Andererseits wussten alle Anwesenden um meine Notsituation und kürten meinen aussichtslosen Kampf gegen bestens aufgestellte Profigastronomen anerkennend zur „One-Woman-Show".

Der Clou war das Dessert. Für die ersten beiden Gänge hatte der Leihkoch verantwortlich gezeichnet und dafür kräftig Kritik geerntet. Anschließend musste er aus privaten Gründen heim, sodass ich mich für den Kaiserschmarrn selber in die Küche gestellt habe. Mit dem Ergebnis, dass ich dafür stehende Ovationen erhielt.

Ich muss wirklich sagen, insbesondere Mike Süsser hat mich mit seinem Lob sehr aufgebaut, betonte, wie groß-artig ich mich als gastronomisch ungelernte Quereinstei-gerin hielt und der Kritik auf hohem Niveau – die Suche nach dem berüchtigten Haar in der Suppe – standhielt. Er würde den Hut vor dieser selbsternannten süßen Chaotin ziehen, die er einfach nur fressen könne. Von ihm erhielt ich dann sogar einen Punkt mehr als die übrigen Wirte. Schlusslicht bin ich darüber hinaus auch nicht geworden, sondern war mit meiner Punkteausbeute gut dabei.

Auch bei den TV-Zuschauern konnte ich überzeugen und durchstarten. Zum einen war das natürlich aus den Kommentaren im Netz abzuleiten, zum anderen tauchten fremde Leute bei mir auf, die mich unbedingt persönlich zu meinem tollen Auftreten beglückwünschen wollten. Endlich erhielt ich den lang ersehnten Rückenwind.

Was mir dank „Mein Lokal, Dein Lokal" an neuer Kraft eingehaucht wurde, war auch dringend notwendig, denn am Grundproblem hatte sich nichts geändert: Ich stand noch immer ohne zuverlässigen Koch da. - Im Juni und Juli verlangte ich mir alles ab, um meine Gäste zufriedenzustellen und das „Dürnbecker" am Leben zu erhalten. Als ich in der Küche aus einer kurzen Ohnmacht erwachte, zog es mich fast magisch vor ein Foto von Pedro da Silva, welches ich ihm zu Gedenken dort aufgehängt hatte.

»Pedro, wenn du noch einen Tag so weitermachst, ohne mir endlich einen anständigen Koch zu schicken, wenn du willst, dass ich da oben neben dir sitze, dann mach nur weiter so. Ich bin fix und fertig. Ich bin kaputt und spucke schon Blut. Den Laden kann ich dann zusperren.«

Glaubt es mir oder glaubt es mir nicht, zwei Stunden nach meiner eindringlichen Ansprache – im „Dürnbecker" reichlich wartende Gäste – stand plötzlich eine kräftig gebaute Frau mit Rucksack vor mir, die mich abwartend ansah.

Ich wusste nicht so recht, was ich mit ihr anfangen sollte.

»Was kann ich denn für Sie tun? Suchen Sie die Toilette?«

»Ich such nichts, aber du suchst einen Koch.«

Ihre stoische Ruhe war das genaue Gegenkonzept zu mir, so viel war mir schon in diesen ersten Sekunden klar.

»Das mag wohl sein.«

Nun fing sie an, ihre Bewerbungsunterlagen auszupacken.

»Ich brauche keine Unterlagen«, stellte ich wie auf heißen Kohlen fest, »was ich brauche ist einfach nur ein guter Koch oder auch gerne eine Köchin. Wann kannst du denn anfangen?«

»Eigentlich im August.«

Ich wurde immer ungeduldiger, denn der Juli war noch längst nicht vorbei. »Ich brauche sofort jemanden und habe auch keine Zeit für Gelaber«, sprach ich und eilte in die Küche, wo ich mich um die bestellten Speisen kümmern wollte.

Als ich mich beiläufig umdrehte, stand sie direkt hinter mir und sah zu, was ich am Herd veranstaltete. Ihr Grinsen vermittelte den Eindruck, als würde sie sich schon bestens auskennen.

»Du gehst jetzt raus und kümmerst dich um deine Gäste. Ich koch schon.«

Ich war perplex. »Kannst du das überhaupt?«

Sie grinste unbeeindruckt weiter. »Ja.«

Danke, Pedro, du warst und bleibst der Beste!

Zwischen Lockdown und Promiboxen

Als die fortgesetzten Lockdown-Maßnahmen des Jahres 2020 in Bayern die Gastronomie erneut bedrohten, stellte meine neue Köchin sachlich fest: »Du musst mir kündigen.«

Aber für mich kam diese Option ums Verrecken nicht in Frage. Menschen wie sie setzte man einfach nicht vor die Tür, das durfte nicht sein. »Bist du verrückt, oder was?!«

Sie sei doch noch in der Probezeit und am besten wäre es deshalb jetzt, beharrte sie darauf, weil es für mich als Arbeitgeberin noch bequem möglich und hinsichtlich der Corona-Situation durchaus sinnvoll gewesen wäre.

Nun heiße ich aber Doreen Dietel. Für mich zählen Loyalität, Fleiß und menschliche Nähe mehr als ein Virus oder betriebswirtschaftliche Kennzahlen.

»Nee, du bleibst schön hier. Wir kämpfen gemeinsam weiter.«

Eine Entscheidung, die ich nicht bereut habe. Anfangs hat sie sich nur in der Küche richtig wohl gefühlt, sie schien mir geradezu menschenscheu zu sein. Und dann? Von den Gästen für ihre Kochkünste gefeiert – Fotos von den liebevoll dargebotenen Speisen wurden immer wieder ins Netz gestellt – bediente sie diese darüber hinaus auch selbst, sofern die Situation es erforderte, und das mit Begeisterung. Dabei hatte sie nicht selten einen kessen Spruch auf den Lippen. Bei langsamen Essern hieß es dann schon mal:

»Stimmt was nicht, soll ich den Teller wieder mitnehmen?«

Auf die Frage nach dem Tipp des Tages verblüffte sie einmal mit der trocken vorgetragenen Antwort: »Ein anderes Lokal.«

Genau wie ich war auch meine Köchin ein echtes Original und versteckte das längst nicht mehr. Sie tat meinem Restaurant-Bistro „Dürnbecker" genauso gut, wie das „Dürnbecker" ihr.

Die Heimsuchung durch „Corona" hat auch mich als Gastronomin kräftig durchgeschüttelt, keine Frage. Verordnete Gastronomieschließungen und harte Auflagen haben die Umsätze stark nach unten gehen lassen, bis mir der Kragen mächtig eng geworden ist. Auch die Künstlerbühne des „Dürnbecker" war damit weitestgehend klinisch tot, wobei mein Fokus diesbezüglich immer schon mehr auf kultureller Bereicherung denn auf hohen Umsätzen gelegen hat.

Auf der anderen Seite hatte ich diesem Virus die Möglichkeit zu verdanken, endlich einige Gänge zurückzuschalten, um neue Kraft zu schöpfen und meinen geschäftlichen wie privaten Kompass neu auszurichten. Wie schon erwähnt, bevor meine Köchin zu mir gestoßen war, hatte ich nur noch funktioniert, war körperlich wie seelisch Stück für Stück vor die Hunde gegangen. Es mag ja vielleicht seltsam klingen, doch so gesehen wurde „Corona" für mich mehr zur Entlastung denn zur Belastung.

Außerdem hatte ich den verhängten Maßnahmen zulasten der Gastronomie ja noch etwas Wesentliches entgegenzusetzen: meinen Einfallsreichtum! - Der Einzelhandel war in diesen Zeiten klar im Vorteil, durfte viel umfassender geöffnet bleiben. Das galt auch für Boutiquen, einschließlich Second-Hand-Boutiquen. Und Klamotten hatte ich aus meinen Rote-Teppich-Zeiten ohne Ende – Abendkleider, Schuhe, Jacken, Dirndl und, und, und – seinerzeit gesponsert von verschiedenen Modemarken. Alles, was ich noch organisieren musste, das waren Kleiderständer, dazu ein selbstgemachtes Holzschild mit der Aufschrift „Second-Hand".

So wurde aus dem „Dürnbecker" zeitweise ein Klamottengeschäft, welches sich großer Beliebtheit erfreute. Ergänzend kam mir die Idee, meine typischsten Sprüche auf Hoodies drucken zu lassen, wie zum Beispiel: „Manchmal ist Dummheit gar nicht so blöd" oder „Ich krieg die Vogelkrise". - Hoodies waren schnell bestellt, ein Freund sorgte für den professionellen Druck – es wurde ein grandioser Erfolg. Jetzt, wo ich Blut geleckt hatte, ließ ich Textilien mit dem eigens kreierten Doreen-Dietel-Logo bedrucken. Auch die gingen weg wie warme Semmeln.

Es gibt eine abgefahrene Doreen-Dietel-Kollektion auf Grundlage eines kunterbunten Bildes, welches Marlow mit fünf Jahren gemalt hat.

Vor Ort brachte mir die Boutique-Variante endgültig den Ruf einer „Umtriebigen" ein.

Selbst die größten Zweifler erkannten letztlich an, dass ich mich eisern und kreativ durchgebissen habe und dafür Respekt verdiente. Ich meine, klar, mit jedem Erfolg kamen auch Neider unter ihrem Stein hervorgekrochen, das tun sie bis heute. Aber dieses Phänomen ist nun mal Teil unserer Gesellschaft, ob auf dem Land, in der Provinz oder in Großstädten.

Die ehemalige Partnerin und Nachfolgerin von Pedro da Silva kam auf mich zu mit der Neuigkeit, dass die Macher von „Das große SAT.1 Promiboxen" mich für einen Kampf gegen Gisele Oppermann im September 2020 angefragt hätten. Ich musste sofort schmunzeln. Klar, dass diese Konstellation gewünscht war, das schrie ja förmlich nach reißerischer Promotion und hoher Einschaltquote. Was war mir Gisele Oppermann, diese ewig heulende und jammernde Mitteilnehmerin im „Dschungelcamp", Anfang 2019 auf den Sack gegangen. Richtig deutlich bin ich geworden, als sie vor der Kamera mit folgendem Spruch gegen mich gezickt hat:

»Ich brauche von der Alten keine Unterstützung.«

Meine angemessene Antwort hat nicht lange auf sich warten lassen: »Diese Frau macht mich wahnsinnig, diese Gisela! Wie kann man nur so sein als Mensch? Wie kann man nur so empfindlich sein. So ein Anti-Teamplayer, das ist ja der Wahnsinn!«

Den Nachschlag hat sie von mir direkt Auge in Auge zu hören bekommen: »Du bist eine egoistische kleine Drama-Queen.«

Ich denke, dass ich nicht übertreibe, wenn ich sage, dass sie so ziemlich alle Teilnehmer genervt hat. Allerdings habe ich die deutlichsten Worte gefunden. Gisele und ich sind sozusagen als beste Feindinnen aus Australien zurückgekehrt.

So viel zur Vorgeschichte.

Auf meine Zusage konnten sich der Fernsehsender SAT.1 sowie die federführende Produktionsfirma in jedem Fall verlassen, die kam schnell.

Bis zum 18. September 2020 blieben knapp zwei Monate, in denen ich parallel im „Dürnbecker" meine Frau stehen und für den Boxkampf trainieren musste. Ein Taekwondo-Trainer aus meinem Umfeld wollte mich als persönlicher Trainer zur bestmöglichen Fitness führen und war sich sicher, dass ich einer Gisele Oppermann auch dank meiner körperlichen Voraussetzungen haushoch überlegen sein würde.

Tatsächlich präsentierte ich mich am Stichtag körperlich fit, muskulös und stark – so weit, so gut. Nur Folgendes hatten wir auf Betreiben meines Trainers völlig ignoriert: Sparring und Schattenboxen. - Erst ziemlich zum Schluss erfuhr ich von der Wichtigkeit dieser Trainingselemente für Kondition, Koordination, Technik und vor allem für die eigene Gesundheit – von Regina Halmich, der ehemaligen Boxweltmeisterin und persönlichen Freundin. Sie reagierte entsetzt darauf, dass ich im Rahmen der Vorbereitung überhaupt nicht im Ring trainiert hatte und führte mir eindringlich vor Augen, wie lebensgefährlich das war. Alles, was sie noch für mich tun konnte, das tat sie mit viel Herz: nämlich mich mental aufzubauen und mit Tipps zu versorgen.

Von einer klaren Überlegenheit konnte vermutlich nicht mehr ausgegangen werden. Ich musste mich auf einen Kampf des Willens einstellen. Perfekt würde es für mich laufen, wenn ich Gisele aufgrund meiner physischen Überlegenheit gleich in der ersten oder zweiten Runde k.o. schlagen konnte.

Als mir unmittelbar vor dem Kampf die Hände von einem einschlägigen Profi bandagiert wurden, machte ich mir darüber die wenigsten Sorgen. Warum auch, der Mann hatte viel Erfahrung und war zweifellos ein Meister seines Fachs. Er redete munter drauf los. Dann das Unfassbare: Der Typ schnitt mir mit der Bandagen-Schere tief in den linken Handballen! - Es begann sofort stark zu bluten, worauf ich mit Verblüffung reagierte, geradezu gelähmt. Als ich mich schließlich doch noch kritisch äußerte, hielt er dagegen, ich solle mich nicht so anstellen und presste die Wunde kurzerhand zusammen, um sie zu verkleben und anschließend bis zu Ende weiter zu bandagieren. Das sei ihm in Jahrzehnten noch nie passiert, sprach er ungläubig wie zu sich selbst.

»Warum dann ausgerechnet bei mir?!«, wollte ich wissen, doch was sollte er darauf schon antworten.

Jemand verkündete, dass ich in zehn Minuten in den Ring steigen müsse. Die verletzte Führhand schmerzte wie Sau und würde wohl kaum zu gebrauchen sein. Ich stand noch immer unter Schock und fror. Mit mir war nichts mehr anzufangen.

»Ich kann nicht, ich kann nicht! Ich friere!«

In Decken eingewickelt wurde mir wiederum heiß. Man führte mich in einen Vorraum. Irgendwelche Leute kamen dazu, um mir fürs wartende Publikum markige Kampfansagen zu entlocken. Ich wurde gepusht, stand jetzt unter Strom. Meine Sinne waren in einer Mischung aus Schock, Schmerzen und aufgeheizter Stimmung wie betäubt. Obwohl die zuständige Betreuerin der Produktionsfirma vor Ort sowie meine Managerin und der Trainer meinen Zustand kannten, ließen sie mich – ja, man muss es leider so sagen – ins offene Messer laufen. Bis zum Eröffnungsgong hatte sich auch bei mir die Kampfeslust durchgesetzt.

Schon in der zweiten Runde bekam ich kaum noch Luft und konnte nicht mehr richtig sehen. Dazu eine weitere traurige Tatsache: Gisele war ganz offensichtlich optimal auf unseren Kampf vorbereitet worden, ich wie schon erwähnt nicht. - Trotz meiner eindeutigen Signale, zog noch immer niemand die Reißleine. Nahezu wehrlos, kam es wie es kommen musste. Ich bin k.o. gegangen, habe eine heftige Gehirnerschütterung davongetragen und verloren.

Ins Hotel hat man mich noch gebracht. Aber hat sich ein Arzt um mich gekümmert? Nein! Hat sich jemand von der verantwortlichen Produktionsfirma nach meinem Befinden erkundigt? Nein, Fehlanzeige! Plötzlich war auch niemand mehr für mich erreichbar. So sieht es wohl aus, wenn etwas unter den Teppich gekehrt werden soll – oder kann man das auch anders sehen?! Wenn es um die Gesundheit eines Menschen geht, sollte es wirklich scheißegal sein, ob womöglich Karrieren, Ansehen, Werbe-einnahmen oder die Einschaltquote auf dem Spiel stehen! Den Fernsehsender SAT.1 machte ich nicht dafür verant-wortlich, sondern vor allem die mit der Produktion unmit-telbar Beauftragten. Eben die hätte ich durchaus verklagen können, denn ihnen oblag eine Fürsorgepflicht. Dokumen-tiert ist alles zur Genüge. Warum ich es nicht getan habe? Weil ich mich mal wieder zu sehr auf das Gerede anderer verlassen habe, weil mir die Kraft dazu gefehlt hat. Ein Pedro da Silva hätte es definitiv nicht so weit kommen lassen.

Wer mich danach mit viel Einfühlungsvermögen wieder aufgebaut hat, das war Regina Halmich. Ihr gebührt an dieser Stelle mein besonderer Dank.

Als Sportlerin genauso wie als Mensch ist sie eine ganz Große!

Jene Doreen vom 18. September 2020 gibt es nicht mehr. Die Doreen Dietel von heute würde unter solchen Bedingungen gar nicht erst antreten, egal, wie sehr ausführende Produktionsfirma, Management oder Trainer sie dazu antreiben würden. Es ist dieselbe Doreen Dietel, die aktuell auch jedem Schauspielkollegen, Regisseur oder Filmproduzenten ohne zu zögern ins Gesicht spucken würde, sollte dieser versuchen, sie ungefragt zu begrabschen oder sexuelle Handlungen einfordern. Noch vor wenigen Jahren wäre ich eher weinend davongelaufen und hätte es nicht an die große Glocke gehängt. Aber das war einmal, nie wieder!

Was mein „Dürnbecker" am Tegernsee betrifft, es hält regelmäßig auch Überraschungen in Person prominenter Gäste bereit, welche extra die Anfahrt auf sich nehmen, wie schon die Schauspielerin Marianne Sägebrecht, der Olympiasieger und mehrfache Weltmeister im Diskuswurf Lars Riedel oder der Komponist Harold Faltermeyer. Ich betrachte es als besondere Wertschätzung, Anerkennung, Verbundenheit und mitunter Freundschaft.

Stolz bin ich auch darauf, es laut Touristikbewerter „TripAdvisor" bis unter die Top-10-Adressen am Tegernsee geschafft zu habe. Allein der Kaiserschmarrn des „Dürnbecker" wird allgemein als bester im gesamten Tegernseer Tal bezeichnet.

Und wenn mal wieder Lockdown-Schließungen um sich greifen sollten, mache ich eben „Crazy COOKING – einfach genial" auf YouTube. Wäre nicht das erste Mal, um gegen aufkommende Lockdown-Depressionen anzukämpfen. Etliche Folgen direkt aus dem „Dürnbecker" hatte ich ab Februar 2021 schon ins Netz gestellt, mit viel Witz und locker flockig aus der Hüfte geschossen, dazu immer mal wieder mit Gästen. - Nee, keine Regieanweisungen! Wer braucht denn so was, es soll ja extra viel Spaß machen. Da könnte noch richtig was draus werden. Schaun mer mal …

Auf ein abschließendes Wort

Sollte ich mich mit wenigen Worten selbst beschreiben, dann würde ich wohl sagen: Vielleicht ist Doreen Dietel nicht das hellste Licht auf der Torte, und das Chaos gehört zu ihr wie der Mond zur Erde, aber dafür bekommt man exakt das, was man sieht und hört – pur und unverfälscht, ohne Heuchelei und trügerische Maske.

Mein Leitmotto lautet: Ich kann, wenn ich will. Wenn ich weiß, was ich will, dann kann ich auch.

Ich bin nicht gemacht für theoretische Laberei mit diesem ewigen Hätte, Könnte, Würde. Lasst mich einfach nur machen und ich mache.

Wie ich bereits betont habe, bin ich immer ein einfaches Mädchen vom Lande geblieben. Deshalb liebe ich es wohl auch direkt, ehrlich, authentisch. Von mir wird nicht alles auf die Goldwaage gelegt, und ich selber kaue nicht jeden Satz fünfmal durch, bevor ich ihn ausspreche – immer wieder eine Gelegenheit fürs Fettnäpfchen. Einmal hat eine Frau aus besserem Hause mich mit folgender Formulierung belustigt:

»Ich würde mir jetzt einen Salat kredenzen, möchtest du daran teilhaben?«

Meine Antwort darauf: »Was willst du jetzt eigentlich wissen, ob ich auch Salat möchte? Ja, bin dabei, und pack gerne noch ein ordentliches Stück Fleisch obendrauf.«

Bei anderer Gelegenheit war ein älteres Paar – sehr gepflegt und gut gekleidet – bei mir im „Dürnbecker" zu Gast und genoss ein Glas Prosecco. Besonders die Frau beeindruckte mich durch ihre gleichermaßen souveräne wie sympathische Lebensart sehr. Was ich nicht wusste, beide gehörten zum erweiterten Familienkreis. Entsprechend überrascht war ich tags darauf, als wir uns ganz offiziell vorgestellt wurden.

Leider sorgte mein begeisterter Ausspruch: »Und ich dachte noch: Wow, was für eine coole Alte, die sich am Nachmittag schon ein Gläschen Prosecco gönnt«, für reichlich Empörung.

Wie ich es nur hätte wagen können, die Betreffende als ‚coole Alte' zu bezeichnen. - Herrje, Leute, dasselbe hätte ich auch über eine 25-Jährige gesagt, wenn ich ihr Auftreten klasse gefunden hätte.

Noch ein Beispiel gefällig? Da war diese Sache mit dem Marmeladenglas. Ich hatte mich nämlich mit meinem Frühstücksmesser daran „vergangen". Böses Foul mit entsprechend pikierter Reaktion:

»Um Gottes Willen, Doreen, stopp, stopp, stopp!«

»Wieso, was ist los, was ist passiert?!«, schreckte ich alarmiert auf. Hatte sich vielleicht eine Wespe ins Glas verirrt oder war womöglich das Haltbarkeitsdatum um ein Jahr oder länger überschritten?

Aber nein, es ging um etwas viel Fundamentaleres: »Dafür sind doch die kleinen Marmeladenlöffel da!«

»Jesus Maria, darauf soll ich auch noch achten?«

Um diese Beispiele mal auf den Punkt zu bringen: Inmitten gesellschaftlicher Elitefamilien oder solchen, die unbedingt dazugehören wollen und zwanghaft vorgeben, mehr zu sein, als sie sind, fühle ich mich meistens unwohl und fehl am Platze. Vermutlich, weil ich ohne „Stock im Arsch" durchs Leben gehe.

Fettnäpfchen und Chaotentum in Wort und Tat sind für mich das täglich Brot, meine ungewollte Spezialität, wenn Ihr so wollt. Ich habe schon Leute mit Sätzen verwirrt wie:

»Lasst uns als Quarantäne fahren.«

Wie ich „Quarantäne" mit „Karawane" hatte verwechseln können, wird auf ewig auch mir ein Geheimnis bleiben.

Auf einer Filmpremiere in Berlin zum viel umworbenen Blockbuster „Spiderman" wurde ich im Blitzlichtgewitter auf dem „Roten Teppich" gefragt, was ich von dem Marvel-Streifen erwarten würde.

»Ich weiß nicht, ich habe den ersten Teil nicht gesehen.« Tatsächlich gab es noch gar keine zwei Teile.

Jetzt noch was aus dem „Dschungelcamp". Wegen eines Albtraums bin ich dort aus der Hängematte gefallen und habe als erstes laut gerufen: »Caipirinha für Tisch fünf!«

Seid mal ehrlich – also wenn ich nicht die Idealbesetzung für ein unterhaltsames TV-Event bin, wer denn dann?!

Auch zu folgendem Thema möchte ich einige abschließende Worte finden, schon alleine deshalb, weil es in meiner Biografie reichlich Platz einnimmt: Männer! - Was ist mir an einem Mann wichtig und was kann ich an einem solchen gar nicht ab?

Ich möchte diese komplexe Frage anhand eines einfachen Beispiels verdeutlichen:

Da ist dieser Typ bei mir im „Dürnbecker" aufgetaucht – auf den ersten Blick ein leckerer Hingucker, echt bildhübsch. Doch dann hat er bestellt: eine vegane Mahlzeit sowie ein stilles Wasser dazu – bitteschön Raumtemperatur!

Damit waren seine Pluspunkte als Mann bei mir annähernd aufgebraucht. Erschwerend kam die unübersehbare Farbe seiner Socken hinzu: rosa! - Ein Wunder, dass nicht noch Micky Maus, Bambi oder Ähnliches darauf verewigt war. Und die Krönung vom Ganzen: Das Mannsbild war humorlos! - Auf seine Frage, ob wir Veganes im Angebot hätten, hatte ich nämlich postwendend geantwortet:

»Ja klar, Chips und Cola.«

Mann, was hat mich das überempfindliche Sensibelchen daraufhin angestarrt.

»Entschuldigung, das sollte jetzt nur ein kleines Witzchen sein«, schob ich schnell nach. »Wir zaubern natürlich gerne auch etwas Veganes.«

Also mal unter uns Gebetsschwestern gesprochen, so ein Typus Mann geht für mich gar nicht, da würde nicht das leiseste Kribbeln aufkommen. Ich bevorzuge allemal einen Kerl in Blue Jeans und weißem Shirt, gerne ohne Unterhose und unrasiert, dazu mit gutem Mutterwitz und Lust auf ein ordentliches Stück Fleisch.

Oh ja, Männer hatte ich einige – lange Beziehungen, kurze Beziehungen, dreimal die vermeintliche Liebe meines Lebens und zwischendurch etliche sexuelle Abenteuer ohne Bedeutung. Gleichwohl habe ich in dieser Biografie auf ausschweifende Details sowie komplette Angaben zu allen Liebhabern verzichtet. Ich wollte keinesfalls wie eine Andie

MacDowell in der romantischen Komödie „Vier Hochzeiten und ein Todesfall" wirken, die gegenüber Hugh Grant locker flockig alle Liebschaften mit sämtlichen pikanten Einzelheiten in chronologischer Reihenfolge vorträgt, woraufhin ihr Gesprächspartner peinlich berührt im Boden versinken möchte – übrigens 33 Penisträger an der Zahl, weniger als „Madonna" aber mehr als Prinzessin Di, wie sie lächelnd hofft. - Nein, Spaß beiseite, diese Richtung sollte die vorliegende Biografie nicht einschlagen. Schließlich will ich nicht als eine Art weiblicher Giacomo Casanova wahrgenommen werden.

Wenn ich mich dazu entschließe, etwas Bestimmtes tun zu wollen, dann mache ich genau das mit ganzem Herzblut, ob es mir nun guttut oder nicht. So war ich schon immer, auch als Schauspielerin.

Dazu muss man wissen, eine meiner herausragenden Qualitäten ist es, alles Notwendige sehr schnell zu erlernen beziehungsweise mir alles Wissenswerte anzueignen. Als ich zum Beispiel eine Prostituierte verkörpern sollte, ging ich gezielt in ein Bordell und quatschte eine der mir sympathischen Damen an, ob sie mich wohl coachen würde. Wir trafen uns zum Gespräch, und aus der vereinbarten Stunde wurden acht Stunden. Sie lehrte mich so viel über diesen Job, dass man das auf die Schnelle gar nicht alles wiedergeben kann.

Trage keinen Schmuck, behalte deine Schuhe als mögliche Waffe stets an, bleibe immer mit dem Gesicht zur Tür gewandt, nimm den Penis für einen vorgetäuschten „Blowjob" zwischen Kinn und Hand und so weiter.

Die verschiedenen Arten von Freiern waren ein Thema für sich. Besonders gern gesehen waren demnach Fußfetischisten, weil die in der Regel gar keinen echten Sex wollten.

Auf die Rolle einer Blinden bereitete ich mich über einen Blindenverein vor. Dort stellte man mir eine Frau vor, die ich über Tage in allen Alltagssituationen begleiten, beobachten und intensiv befragen durfte, bis ich nahtlos in den Filmcharakter wechseln konnte.

Ich begreife mich als Charakterdarstellerin, die alle Facetten eines Menschen bis ins Detail erfassen und umsetzen will. Dabei gehe ich auch bis an meine Grenzen, körperlich wie seelisch, um der Lebenssituation meiner Rollenfigur so nahe wie möglich zu kommen. Kurz gesagt, ich werde zu diesem Menschen.

Den größten Platz im Herzen wie im Alltag nimmt mein Sohn Marlow ein. Sein Wohlergehen liegt mir weit mehr am Herzen als eine Karriere gleich welcher Art. Fast alles ist vergänglich und kann an Bedeutung verlieren, dazu gehört die Liebe und enge Bindung zu meinem Sohn nicht. Mama zu sein ist das wundervollste, erfüllendste, heilsamste Geschenk überhaupt. Die beste Schule, um an seinen Aufgaben zu reifen.

Wer mich auch zukünftig erleben möchte, wird das weiterhin auf verschiedenen Wegen tun können. Da wäre zum einen die Gastronomin Doreen Dietel mit ihrem Restauran-Bistro „Dürnbecker" am Tegernsee. Zum anderen gibt es noch immer TV-Show-Formate, welche den Promi Doreen Dietel zur Teilnahme reizen. Ach ja, dann wäre da natürlich noch die Vollblutschauspielerin Doreen Dietel. Für sie ist die Schauspielerei nie nur irgendein vorübergehender Ausbildungsberuf gewesen, sondern vielmehr eine Berufung. Das kann man nicht mal eben entsorgen und vergessen. Diese Leidenschaft brennt noch immer heiß. Sofern die Rahmenbedingungen stimmen, um wieder vor die Kamera zu treten, jederzeit.

Ich würde mal sagen: Was mich und meine Zukunft neben dem Rampenlicht und im Rampenlicht betrifft, lassen wir uns doch einfach gemeinsam überraschen. Nach dem prallen Leben, welches ich bisher bereits gelebt und erlebt habe, bin ich auf so ziemlich alles vorbereitet.

Die letzten Sätze lassen mich jetzt doch schmunzeln. Das Warum ist schnell erklärt: Im Rahmen einer Urlaubskooperation war ich mit meinem Marlow auf einem Ferienhof und hatte in den sozialen Medien darüber berichtet.

Prompt bin ich gestürzt und habe mir übel das Gesicht aufgeschlagen. An sich hätte die Stirn sogar genäht werden sollen. Was macht man in so einer Situation? Ich jedenfalls habe den Unfall thematisiert, was dazu führte, dass die Presse es reißerisch aufgegriffen hat.

Ich hatte den Vorfall schon fast vergessen, da stand plötzlich der Professor einer Klinik für Kopf-Hals-Gesichtschirurgie bei mir im „Dürnbecker" und erkundigte sich nach den Blessuren. Was das anging, konnte ich Entwarnung geben. Dennoch nahm ich seinen Besuch als Wink des Schicksals und verkündete freudestrahlend:

»Sie sind meine Rettung! Sie können meine Oberlippe wieder schön machen!«

Wie man so schön sagt: Unverhofft kommt oft.

Bleibt mir nur zu sagen: Gebt gut auf Euch Acht in diesen turbulenten Zeiten. Verliert niemals den Humor und lasst Euch nicht zu sehr herunterziehen, wenn es mal schlecht läuft. Stumpft bloß nicht ab, bleibt immer schön Ihr selbst, egal, was das Leben mit Euch macht oder wie sehr Ihr von Menschen enttäuscht werdet. Die Kunst besteht darin, an Niederlagen und schwierigen Herausforderungen zu wachsen, an sich zu glauben. Das ist meine Philosophie. Alles ist möglich!

Man sieht sich, hört sich, liest voneinander.

Ganz zum Schluss
noch ein fettes Danke

Ich möchte meinem Co-Autor Andreas Reinhardt danken. Viele Stunden hat er geduldig zugehört, mit mir geredet, die richtigen Fragen gestellt. Er hat das Innerste meiner Seele erforscht und mir dabei geholfen, sie zu entdecken und alles zusammenzuführen.

Mit etlichen Psychologen habe ich es in meinem Leben schon versucht, konnte mit ihnen aber nichts anfangen, weil sie nur Stuss gelabert haben ohne neue Erkenntnisse, die mich weitergebracht hätten. Die Zusammenarbeit mit meinem Co-Autor war da komplett anders. Er hat mich ganz nebenbei therapiert, sehr vertrauensvoll mit viel Empathie, Offenheit und Humor – eine tolle Erfahrung.

Andreas Reinhardt, der außerdem Schriftsteller ist, hat Ordnung in meine vielen Erinnerungen und Gefühle gebracht und sie in die richtigen Worte gepackt. Einen besseren Partner hätte ich für meine Biografie nicht finden können.

P.S.: Ich würde mich freuen, wenn ich Euch, liebe Leser, bald auch einmal persönlich begrüßen dürfte im:

Dürnbecker

Restaurant, Bar & Bühne

Miesbacher Straße 5a

83703 Gmund / Dürnbach

Reservierungen unter

Tel.: 08022 / 673 47 47